過労事故死

——隠された労災

川岸卓哉・渡辺淳子［著］

旬報社

裁判長からの電話

二〇一八年二月七日、わたしが勤める川崎合同法律事務所に一本の電話がありました。

裁判所の合議の結果、残念ながら、裁判長として最後の一言を言えなくなりました。しかし、私の想いはすべて和解勧告文に込めてあります。

わたしが弁護を担当しているグリーンディスプレイ過労事故死事件が係属した横浜地方裁判所川崎支部合議係の橋本英史裁判長からの電話でした。

翌日に迫った和解決定期日では、裁判所の公開法廷で、原告、支援者を前に裁判官が和解勧告文を読み上げた後、双方和解を受諾し、原告の最終意見陳述を踏まえ、最後に裁判長が原告に対して一言伝え、終結となる段取りとなっていました。しかし、結局、電話での話にあるように最後の一言は言われずに終結しました。

裁判長が言えなかった最後の一言はいったい何だったのでしょうか。

労働弁護団ホットライン

「ようやくつながった」

電話を受けた時の第一声はこのかすかなつぶやきのような言葉でした。

渡辺淳子さんから、私が初めて相談を受けたのは、和解終結から遡ること三年四か月前、二〇一四年一〇月。その日、私が神奈川労働弁護団の電話相談窓口である労働弁護団ホットラインの担当日でした。いつものように、多くの相談者からの電話が鳴りやまず、ひっきりなしにかかってくる相談に対応していました。

このとき淳子さんから伺った相談は、半年前の二〇一四年四月二四日午前九時ごろ、まだ二四歳、正社員になって一か月しか経っていなかった淳子さんの最愛の息子航太さんが、徹夜勤務から原付バイクで帰宅途中、川崎市の路上で電柱に衝突して亡くなったというものでした。

警察の捜査の結果、航太さんが働いていた会社は不処罰となったこと、警察の人から、会社に刑事責任を問えなくても民事責任は問えることがあるから考えてみてはどうかと言われたこと、航太さんの小学校の同級生で法科大学院に通っている友人から、労働弁護団ホットラインを教えてもらったことを、泣きながら絞り出すような声で語られました。そして、航太さんが亡くなったのは自分の責任なのか、会社に責任はないのかとも問いかけられました。

私はその話をききながら、涙をこらえることができませんでした。最初に、航太さんの無念と、淳子さんの想いに動かされたのは私自身だったのかもしれません。

当時、私は弁護士になって三年目。労働事件は労働者側の弁護を専門とする川崎合同法律事務所において、それなりに経験を積んでいましたが、本格的に過労死事件に取り組んだことはありませんでした。

相談当時、私が知る限りの労働災害についての知識では、原則、業務終了後の通勤帰宅途中は、会社の指揮命令の範囲外のため、あくまで自己責任。通勤災害として補償の対象にはなり得ても、会社の責任まで問うことは難しいと思いました。

それでも、淳子さんの話を聞くと、航太さんが会社に過労状態に追い込まれ、結果、事故を起こしたのが業務終了後の帰宅途中であったとしても、責任を問えないのは、やはり理不尽ではないか。ここで会社の責任逃れを許すのであれば、司法の責務である社会的正義＝リーガルマインドに反する。この不条理に対して、私は弁護士として、淳子さんの想いに応えたいと思いました。

それから三年、淳子さんの訴えに、多くの人が心を動かされ、淳子さん、そして航太さんと共に歩む決意をし、最後に、裁判官がこれらの想いに応え「司法の良心」を示してくれました。

司法の良心を覚醒させたものはなにか

この航太さんの事件で勝利を導き、「司法の良心」を覚醒させたものはなんだったのか。過労死事件では、被害者の過労実態について本人が証言できず、会社も真実を語るとは限らないため、事実立証の壁が高いのが一般的です。

しかし、本件においては、睡眠衛生学の専門家である佐々木司先生に、残された証拠を頼りに、科学的知見から意見書を作成してもらい、裁判所の客観的判断が可能となりました。さらに淳子さんがSNSを通じてすでに退職していた航太さんの元同僚を必死で捜し出し、遠方まで出向いて説得をした結果、その元同僚に証人になることを引き受けてもらいました。これらが、真実を明らかにし、勝利を導く直接の決定打になったと思います。

なによりも、短い生涯を閉じた航太さんを想う母、淳子さんの魂を削るような訴えが、多くの市民やメディアを突き動かしました。

毎回の裁判所期日では、支援者によって傍聴席が埋められ、支援者の声は、全国から合計一万五〇〇〇筆以上の署名となり、毎月裁判所に提出されました。そして、これらの想いを受けた裁判長は、和解に臨み、和解勧告を「同じ年の息子がいます。我がことと考えて、書きました」と述べ、あの画期的な和解勧告文を読み上げました。

過労死の撲滅を求める社会の動きと多くの市民の声が、裁判官が今回の和解決定を出す決断を後押ししたのだと思います。

のちに、支援の会のメンバーの一人である岩坂正人さんは、次のように語っています。

――人と人との想いを繋いでできたような和解勧告でした。――

原告、弁護団、支援の会は、和解決定受諾にあたり声明を発表、その最後の一文は、次の文章で締めくくられています。

本件が勝利和解によって終結しても、航太さんが淳子さんと共に暮らした家に帰ってくることは二度とありません。航太さんの短い生涯と引き替えに残されたこの和解が、地球よりも重い一人ひとりの命を大事にする社会を創る希望となることを願うものです。

再び過労事故死が起きてからでは手遅れです。航太さんの事件の教訓として、過労事故対策と勤務間インターバル規制を速やかに進めなければなりません。

本書では、航太さんの裁判に関わった者の未来への責任として、一人ひとりの命を大事にする社会を創るために歩んだ人々の道と、これから進むべき道を提示できればと思います。

目次

第1章

就職難の果てに

亡航太は、同年（二〇一四年――筆者注）四月二四日午前八時四八分頃、前日午前一一時六分頃の出勤時から夜通しの被告の業務を終えて被告の神奈川県横浜市都筑区の就業場所から原動機付自転車（以下「原付バイク」という。）の運転を開始し、片道約一時間の東京都八王子市の自宅に帰る途中の同日午前九時一二分頃、神奈川県川崎市麻生区の二車線（片側一車線）で見通しのよい直線道路（主要地方道横浜上麻生線）の車道上を制限速度（時速四〇ｋｍ）に従って走行中に、原付バイクが左前方に斜走して歩道（路側帯）にはみ出し、路外（路側帯に設置されている有蓋側溝左端の外）の電柱に激突し、頭蓋骨の広範囲の粉砕骨折等の傷害を受け、同日午前一〇時四四分頃、緊急搬送先の病院で脳挫傷、外傷性くも膜下出血により死亡した。（横浜地方裁判所川崎支部決定平成二七年（ワ）第三三三号損害賠償請求事件より抜粋）

渡辺航太さんは、一九八九年五月一〇日生まれ。東洋大学経営学部第二部（夜学部）に在学中から、一年以上就職活動を続けていました。当時は大学新卒でも正社員への就職が難しい就職難の時世。なかなか正社員としての就職先が決まらないまま、二〇一三年三月に大学を卒業しています。卒業後も、アルバイトとして働きながら就職活動を継続していました。

卒業から半年後の二〇一三年九月、航太さんは、ハローワークで、グリーンディスプレイ社の大学新卒者向けの、正社員の求人票を見つけます。この求人票は、母の淳子さんが紹介したものでした。

当時の状況について、淳子さんはのちに裁判でこう陳述しています。

航太は大学の夜学部に通い、働きながらの大学生活でしたので、卒業まで六年かかりました。在学中も就職活動は行っていましたが、履歴書を送っては返信されていました。就職先の希望は正社員にこだわっていました。私を安心させたい思いからかもしれません。職種は、自分で何かを創作するような技術を学べる仕事を思い描いているようでした。いずれにしても現状は厳しく、卒業してからもバイトをしながら、就職活動をしていましたが面接までたどり着けない結果でした。私にも相談するようになり、私は、ハローワークで出ている仕事なら安心だろうとアドバイスをしました。いつも数枚の求人票をもらってきて説明会などに参加していました。それでも、なかなか面接までは進めませんでした。

二〇一三年の秋、航太は私にいつものように数枚の求人票を見せてくれました。私には職種はわかりませんが、いつも重視しているのは労働時間と「夜勤」のないこと、「マイカー通勤不可」であることでした。それを決め手に、私は、グリーンディスプレイの求人票を選んで航太に奨めました。

私が選んだ、「グリーンディスプレイ」の説明会に航太は参加しました。仕事の内容は航太の興味のあるもので、大手デパートやお店向けに、主に植物をディスプレイする仕事でした。説明会を聞いて、航太の就職したい気持ちは膨らんでいったようです。その後、航太は最終面接には進みましたが、合否の知らせはありませんでした。最終面接では、試用期間として、アルバイトの誘いがあったため、航太は正社員として働くことを期待して、面接後すぐの一〇月からアルバイトを始めました。

　グリーンディスプレイ株式会社は、都内の有名デパートやホテルなどに、観葉植物やデコレーションをディスプレイすることを主な業務とする会社です。本社を東京に置き、全国で事業展開をしています。このうち、航太さんは、神奈川県横浜市都筑区にある会社の倉庫・作業場である「横浜ベース」とよばれる拠点のサービスセクションという部署に所属していました。サービスセクションは、関東地方の顧客店舗を対象に、営業部門が顧客に提案した演出内容を具体化するため、花等の植物の注文、装飾アクセサリーの制作、顧客店舗に草花や観葉植物を運搬、装飾して設置し、その後も維持管理してメンテナンスまでを、一貫して担当する部門です。

　航太さんは、基本的には設営・撤去をするチームに配属されていました。しかし、新入りのスタッフであったため、他の業務も経験する目的で、設営・撤去業務の他に、メンテナンス、制作チームの業務や緊急のスポット業務のいずれにも従事していました。

　このため、航太さんは、日中のメンテナンス業務と夜間の設営業務、いずれも従事することとなりました。結果、他のサービスセクションの従業員と比べても、異常な長時間労働・深夜不規則労働に従事することとなりました。さらに、航太さんは、主に担当していた設営やメンテナンスに関する作業がない手待ち時間にも、制作チームの仕事を手伝っていました。そのため、他の設営・メンテナンス担当のメンバーと比べて、労働密度も高いものでした。

しかも、航太さんにとって、グリーンディスプレイでの業務は、すべて経験の無い作業であり、一から新しいことを覚えなければならず、精神的緊張を強いられるものでした。とりわけ、航太さんは、正社員となるための試用期間としての位置づけとしてアルバイト採用をされていました。航太さんは、上司や先輩から働きぶりを試され、正社員としての採用の可否が決まる立場で働いていたのであり、精神的緊張の程度は高い状態であったといえます。

過労死認定基準

二〇一三年一〇月一六日から、航太さんはグリーンディスプレイにおいて試用期間と信じてアルバイトとして就労を開始しました。アルバイトとしての地位でしたが、週六日フルタイムで勤務をし、一週間連続勤務のこともありました。それでも、正社員として採用してもらうために無理をして、指示されるがまま長時間労働に従事しました。

さらに、航太さんの従事していた業務は、横浜ベースから顧客店舗への移動、顧客店舗間の移動、顧客店舗から横浜ベースへの移動など、横浜ベースと顧客店舗間を行き来しながらレギュラー・メンテナンス・スポットの各業務を行うものでした。このため、休憩は移動中や各業務の隙間の手待ち時間に適宜取得するとされており、規則的な休憩時間は与えられていませんでした。航太さんが亡くなる一か月前から六か月前までの時間外労働時間（残業時間）は、少なくとも次のようなものでした（タイムカードに基づき休憩時間無しで計算）。

事故前一か月目（四月二三日～三月二五日）　一二七時間四九分
事故前二か月目（三月二四日～二月二三日）　八二時間二六分
事故前三か月目（二月二二日～一月二四日）　四三時間四八分
事故前四か月目（一月二三日～一二月二五日）　三三時間三三分
事故前五か月目（一二月二四日～一一月二五日）　八七時間五四分
事故前六か月目（一一月二四日～一〇月二六日）　一五二時間四〇分

厚生労働省は、通達（平成一八年三月一七日付基発第〇三一七〇〇八号）「過重労働による健康障害防止のための総合政策」別添「過重労働による健康被害を防止するため事業者が講ずべき措置等」において、一か月当たり四五時間を超える時間外労働は労働者の疲労を蓄積させ、健康を損なうとする見解を示し、労働者の時間外労働を一か月当たり四五時間以下とするように指示しています。

加えて、厚生労働省は、過労死認定基準として、「脳血管疾患及び虚血性心疾患等（負傷に起因するものを除く。）の認定基準」（平成二一年五月七日付改正基発〇五〇七第三号）を定めていますが、ここにおいても、発症前一か月間ないし六か月間にわたって、おおむね四五時間を超えて時間外労働が長くなるほど、業務と発症の関連性が徐々に強まるとしており、発症前一か月間におおむね一〇〇時間を超えて時間外労働が認められる場合には、業務と発症との関連性が強いと評価できるとしています。

これらの基準に照らせば、航太さんは、グリーンディスプレイにおける就労開始直後から、六か月以上にわたり、疲労を蓄積し健康を害する時間外労働に従事しており、過労死に陥る過酷な就労環境であったことがうかがえます。

航太さんの労働環境の特徴は、このような長時間労働だけではなく、深夜・不規則労働も指摘できます。顧客店舗内における草花・観葉植物や装飾品の設置・撤去作業は、営業時間中は邪魔になるため、営業時間外の深夜早朝にかけて行われることがありました。この場合、横浜ベースにおいて、当日までに装飾植物を仕入れ、夕方ごろから運搬車に積み込み、顧客店舗の営業が終了する深夜に顧客店舗に移動して作業を開始し、深夜早朝にかけての設営・撤去作業が行われていました。航太さんの事故も、この深夜早朝にわたる作業後、原付バイクで帰宅途中に起きました。

厚生労働省の過労死認定基準においても、不規則な勤務、交代制勤務・深夜勤務を考慮要素としています。また、EUの労働時間指令で定められた最低基準においては、勤務間隔を最低一一時間あけるなど、夜勤後の勤務間隔を十分にとることが定められています。

これは、事故前一か月間の航太さんの拘束時間を示すグラフです。

航太さんは、基本的には日勤勤務でしたが、深夜早朝に及ぶ勤務に、不規則に従事していました。また、翌日までの勤務間隔も短い日が多く、十分な睡眠時間がとれない日も多くありました。このような深夜・不規則勤務によって、航太さんの概日性リズムは一定しなかったため、より疲れやすく、疲労が蓄積していました。

横浜ベースには、仮眠室がありました。しかし、仮眠室は男女別に分かれていなかったため、女性が仮眠を取っている場合にも、航太さんは利用できる状態ではなかったのです。そのため、航太さんは、仮眠室の外のソファや、段ボールの上で寝ることが多く、グリーンディスプレイにおける就労に際して、十分に仮眠をとれる環境にありませんでした。

もっとも、深夜の設営・撤去業務に従事する他の男性社員は、車で通勤していたため、車内で寝ることができ、一応の仮眠をとる環境はありました。しかし、航太さんは、車を持っておらず、車内で眠ることもできませんでした。

そのため、航太さんが、十分に仮眠を取ることができない状況にあったことも、グリーンディスプレイの他の社員に比べて、疲労解消する機会を持てず、過酷な労働環境におかれ、疲労を蓄積させる要因となっていたと考えられました。

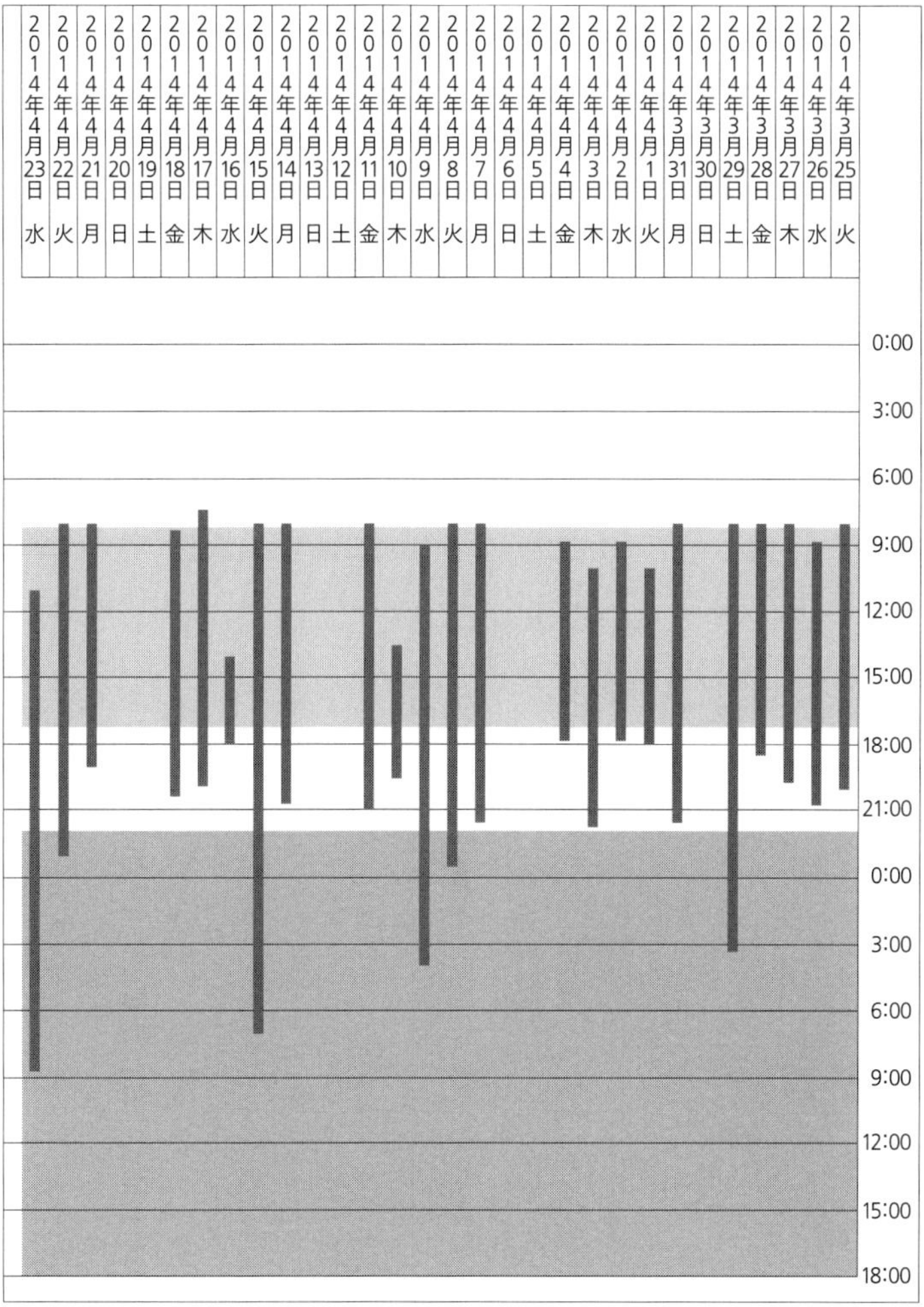

月間総労働時間　295:49時間　　月間総残業時間　127:49時間

8:00 ～ 17:50　　22:00以降

過酷な就労環境

横浜ベースから、作業員が、多数の植木や、装飾品を運搬車への積み込み、現場で降ろして配置し、展示終了後は撤去する作業は、重い肉体労働でした。このため、航太さんをはじめ、作業員の腰痛や膝痛は慢性化していました。また、イベント会場において、電球や造花などの多数の装飾品を設置し、位置の調整などを行う作業も、緻密さが求められ、集中して神経を使い、精神的に負荷のかかる作業でした。

さらに、作業環境は屋外であることも多くありました。とりわけ、航太さんがグリーンディスプレイにおいて作業していた期間は一〇月から四月と、真冬にかけての時期であったため、身体的に負担がかかるものでした。冷え込む深夜の時間帯の作業や、雨や雪のなかでの作業は特に過酷でした。厚生労働省の過労死認定基準においても、温度環境といった作業環境は、過重性の評価にあたって付加的に考慮されるものとされています。

また、淳子さんからの聴き取りによると、会社の先輩たちは、航太さんに対して、「苦しい顔をするな、いつも笑ってろ」「さすが平成生まれだね」などと発言していました。これらの発言が事実であれば、通常の指導の限度を超えたパワーハラスメントにあたる行為です。これによる精神的負荷が、航太さんの業務をさらに過酷なものとしていました。

削られる睡眠

通勤の際には、航太さんは、普段は電車で、お兄さんと住む稲城市か淳子さんのいる八王子市のいずれの場所からも一時間ほどかけて電車とバスで横浜ベースへ通勤していました。

もっとも、航太さんの出勤・退勤時間が早朝、深夜に及ぶときは、東京都八王子南大沢と横浜ベース間の電車などの公共交通機関が営業時間外で、利用して通勤することができませんでした。そのため、深夜早朝に及ぶ勤務シフトの場合には、自動車で通勤することを余儀なくさていました。航太さんは、自動車を所有していなかったため、淳子さんの原付バイクを借りて、東京都八王子南大沢の実家から横浜ベース間を、約一時間かけて、通勤せざるを得ませんでした。

航太さんの長時間労働に加え、原付バイク通勤が必要なシフト時は往復約二時間の運転時間も加わり、航太さんの自宅での睡眠時間は削られていきました。

母の淳子さんは当時の様子を次のように裁判で陳述しています。

正社員としての内定通知が届くことを期待しながら、クリスマスシーズンに向けて指示されるままに大変忙しく働きました。航太の仕事は翌年平成二六年のお正月・バレンタインデイ・ホ

ワイトデイと次々にイベントがあるごとに忙しくなって行き、私との生活時間もすれ違いがほとんどで、話す時間ももはや無くなっていました。どんなシフトでどのような通勤の仕方をしているのかもわからず、ただ、どんどん航太が疲れた表情になっていくのがわかりました。

このような仕事、生活であるにもかかわらず、会社から内定通知が届かないことに私たちの不安は大きくなっていきました。三月に入ってもアルバイトのままだったことから、諦めて次を探そうと話し始めたところ、突然上司から口頭で「三月一六日から社員に採用、現状の部署へ配属する」と言われました。しかし、その後書面での通知もなく、雇用契約書も就業規則もないことを私は不審に思っていました。

小さいころからほとんど愚痴を言うことのない航太でしたが、会社の先輩に「平成生まれはあまいなー」とか「辛いとか嫌だとか直ぐ顔に出る奴だ、いつも笑ってろ！」など、パワハラと思われる言葉を受けていることを話してくれました。それまではそんなことを気にする人間ではなかったため「何故？」と心配になりました。今思えば、もう疲れ果てて本来の前向きな元気な航太ではなく、ぎりぎりのところで私に伝えたかったのではないかと思えてなりません。

深夜労働の末の事故死

航太さんが亡くなる三日前、二〇一四年四月二一日。航太さんはメンテナンス業務のため、午前六時ごろ起床。一九時ごろ退勤し、二一時ごろ帰宅しました。この日の勤務時間は少なくとも九時間、通勤時間も含めると約一一時間でした。

亡くなる二日前の四月二二日は、航太さんは六時ごろ起床。電車通勤し、八時ごろから昼ごろまで大井町の顧客店舗の植栽メンテナンス業務に従事しました。

二三時ごろ、原付バイクで南大沢の自宅へ帰路につきました。この日の帰宅時間は二五時ごろ。航太さんのこの日の労働時間は一五時間であり、通勤時間も含めた拘束時間は一七時間に及びました。航太さんは、淳子さんが用意していた夕食にも手を付けず服も着替えないまま倒れこむように寝込んでいたことが確認されています。

亡くなった前日の四月二三日から事故当日の翌四月二四日にかけて、航太さんは、徹夜で、丸の内ガーデンショーへの植栽装飾イベント納品作業の予定でした。

そのため、午前九時ごろ起床し、原付バイクで、午前一一時ごろ横浜のベースに出社しました。その後、航太さんは、横浜ベースにおいて、仕入れ、納品資材積み込み、片付けなどの業務に従事した後、夕食をとりました。四月二三日二四時ごろ丸の内へ移動し、翌四月二四日午前七時ごろまで、徹夜で、植栽装飾イベントの納品作業に従事しました。終了後、航太さんは、一度横浜のベースへ戻った後、午前九時ごろ、原付バイクに乗り、自宅への帰路につきました。

航太さんのこの日の労働時間は二一時間以上、原付バイクでの通勤時間を含めると二二時間近く、仮眠もとれないままの状態で原付バイクを運転して帰宅することとなりました。

そして、航太さんは、冒頭の記述のとおり、川崎市麻生区早野五〇一番地九付近の道路で、電柱に衝突して死亡しました。脳挫傷、外傷性くも膜下出血の傷害を負い即死でした。

警察の実況見分調書によると、事故現場付近は緩やかな左カーブ後に直線になる平坦な道で、航太さんの進行方向の見通しは良好でした。事故現場の道路幅は、二車線の車道で、進行方向の道路は四・一メートルと十分な幅がありました。路面状況も、アスファルト舗装で凹凸のない平坦な道路であり、路面は乾燥し、土砂などによる汚れも認められない状況でした。航太さんの原付バイクやその前後車両も制限速度の四〇キロに従って走行をしていました。普通は、事故など起こりようのない現場です。

しかし、航太さんの後ろを走っていた目撃者によれば、「バイクについて行ったら、バイクが左側に斜めに走り、ポールや電柱にぶつかるのを見た」との目撃証言があります。実況見分調査によれば、原付バイクで道路の左端を走行していたところ、左斜め前方に進路がわずかに逸れ、歩道に徐々にはみ出し、そのまま一三・九メートル進路を変更することなく走行し、ポールや電柱に衝突したことが明らかになるタイヤ痕などが発見されており、目撃情報と整合します。

航太の帰りを待っています

事故死について、淳子さんはこう振り返ります。

四月、正社員になっても航太の仕事内容は変わらず、求人票のシフトとは大きく違いました。大好きな仕事を見つけた喜びも失望・諦めに変わりはじめ、航太は、五月の連休に時間を作ってもう一度今後の仕事について私と話をする約束をしました。

亡くなる一週間前は、私が食事の準備をしておいても、航太は食べなくなっていました。最後に航太を見た四月二二日の朝は、航太は、服を着たまま布団もかけないままで寝ている状態でした。私は布団をかけてやり、軽く身体をゆすりましたが、起きることはありませんでした。これ以上起こすのも忍びなく、まさかこの日も働かされるとも思ってもいませんでしたので、私は、航太に「ゆっくり寝て身体を休めて。そうじゃないといい仕事はできないのよ。身体を壊しちゃうよ。今日は一緒に夕飯を食べようね。」と声をかけました。しかし、やはり返事はありませんでした。以前なら「わかった。お母さんいってらっしゃい。気をつけてね！」と寝ぼけながらも必ず返してくれましたが、全く反応はありませんでした。そのまま眠って欲しかったので起こさず、私は出勤しました。

「航太がバイク事故で亡くなった」と私が聞いたのは四月二四日の朝、仕事で移動中の電車の中でした。携帯電話に異常な数の着信が入ったので途中下車して訃報を聞き、その時にはもう航太は病院から警察へ移送されるところでした。電車のホームで「病院へ戻してー！航太を治してー！病院へ！航太はもっともっと生きたいのよ！お願いします。お願いします。」と大声で携帯電話に向かって叫んでいたのを覚えています。

それからは、ショック状態で記憶もとぎれとぎれとなっており、とにかく友人の力を借りて葬儀を済ませました。航太を知る者は皆ショックで遠方からも一五〇人以上の方が参列してくださいました。航太は遺骨になって私のところに戻ってきましたが、まだ亡くなったことが信じられません。元気で生きることを感謝しながら前向きだった、航太の帰りを私は毎日毎日待っています。

航太さんの従事していた業務は、社内でも特に過酷な労働環境でした。しかし、航太さんは、真面目で責任感が強く、弱音を吐かずにいつも笑顔で作業をする性格であったため、懸命に働いていました。そのため、会社内において、航太さんの働きぶりは高く評価されていた反面、極度の疲労が蓄積していた状態で、二〇一四年四月二四日、今回の事故が起き、帰らぬ人となってしまいました。会社での働き方が原因であることは、疑いようがありません。しかし、グリーンディスプレイの責任を裁判で認めさせることは非常に困難を伴います。

それでも、裁判例を調査したところ、通勤帰宅途上の事故の原因が過労運転事故であることを認めた裁判所の先例である鳥取大学付属病院事件（平成二一年一〇月一六日鳥取地裁判決）が唯一見つかりました。私たちは、この通勤帰宅途上の過労事故死についての唯一の先例を手掛かりに、裁判の提訴準備を進めることにしました。

第2章

記者会見

二〇一五年四月二四日

東京過労死を考える家族の会の中原のり子さんは、淳子さんに、こう語りかけていました。

「本当にいいの？」

ＮＨＫや報道各社のテレビカメラがいくつも設置され、多くの報道陣が取り囲む厚生労働省の会見室に、淳子さんは、航太さんの遺影とともに入室するところでした。

航太さんの一周忌にあたる二〇一五年四月二四日を提訴日と決めた淳子さんは、過労死遺族として、裁判を闘う決意を胸に、中原さんの問いかけにうなずいていました。

会見では、淳子さんの訴えに、多くの報道陣が静かに、耳を傾けていました。なかには目を赤くし、すすり泣く声も聴こえました。

こうして、実名の提訴記者会見は、また新たな若者の過労死としてテレビや新聞で報道されました。

過労死を考える家族の会との出会い

提訴に向けて動き出したとき、私たちが最初に訪れたのは、東京過労死を考える家族の会の代表中原のり子さんのお宅でした。私が出会ったときの淳子さんは、当然のことですが、航太さんを亡くしたショックで、衰弱しきっており、精神的にも非常に不安定な状態にありました。過労死事件、しかもほとんど先例のない帰宅途上の過労事故死について、過酷な裁判を闘うことがどういうことか、同じように過労死を闘ってきた過労死を考える家族の会の関係者に教えていただく必要がありました。

中原さんは、同じ過労死の遺族として、悲しみに暮れる淳子さんの心に優しく寄り添いながら、時に力強く励ましながら、語りかけました。

中原さんは、自分の裁判の経験や、家族会の仲間の裁判闘争について、裁判をしても勝てるかどうかわからないこと、勝訴しても大切な人は返ってこないし、心が癒える日はこないこと……、それでも、二度と同じ悲しみを他の人にさせないためにも、ただその会社を恨むだけでなく、過労死を生み出し続ける社会を変えるために、遺族として声をあげて、立ち上がらなければならないことを、淳子さんに伝えました。

このときのことを、中原さんは事件解決後にこう記しています。

私は、事故の数か月後に弁護士二人に付き添われて初めて淳子さんに会った日のことを昨日のことのように思い出します。共に寄り添い支援を約束したものの、私がしたことは記者会見で名前も顔も公表させてしまったこと。過労死防止の為に過労事故死の重大性を全国各地で話をすること。誰もが予想を超える画期的な裁判所の判断を手中に収めることができたのは、淳子さん、あなたの努力と頑張りでした。

中原さんが淳子さんに語ったことは、過労死を考える家族の会のあゆみそのものであり、日本社会における過労死をめぐる社会のあゆみです。

「過労死」のあゆみ

過労死の歴史は、一九八〇年代にさかのぼります（「「過労死」の歩み」過労死の歴史と過労死を考える家族の会ホームページ「あゆみ」参照）。高度経済成長期を経て、「経済大国日本」を実現するなかで、働きすぎのサラリーマンが脳疾患・心臓疾患など急死することが続出していました。これに対して、一九八一年七月に弁護士、医師などが「急性死等労災認定連絡会」を発足し、原因究明をはじめました。そして、一九八八年、弁護士、医師などのストレス疾患労災研究会が、突然死は過労が原因であると考え、「過労死一一〇番」を開始しました。過労死（karoshi）という言葉が社会的に認識されるきっかけとなった始まりです。

時を同じくして、過労死の遺族たちも、長時間・過重労働による過労で命を奪われた夫・

妻・息子・娘……その大切な家族を喪った遺族が悲しみを乗り越えて、「家族の会を創ろう！」と声を上げたことから、一九八九年に「過労死を考える家族の会」が各地に誕生しました。孤立していた遺族たちは、会を通して同じ苦しみをもつ人々と出会い交流を深めていくなかで、逆境をバネに立ち上がりました。その行動は次第に全国へと広がってゆき一九九一年に「全国過労死を考える家族の会」が結成されました。

愛する家族を喪うことは、悲しく辛い体験です。そのなかでも過労死家族には特有の苦しみがあります。

あんなに仕事をしなければ……
あの時無理にでも会社に行くのを止めていれば……
こうなる前に会社を辞めていれば……

多くの遺族が後悔し、自分を責めています。その辛さを言葉にし、聞いてもらい、同じ立場の人でないとわからない気持ちを分かち合うことで、悲しみが少しでも和らぐことがあります。また、会員の労災早期認定と遺族補償を求め、同じ苦しみを味わう人が後に出ないようにと願って活動をはじめました。

しかし、結成当初から活動をしている中野淑子さんは、当時の状況を次のように語られています。

当初、過労死を考える家族の会の活動は、批判されていました。

「お金がほしいからでしょ」と。

私は学校で夫を亡くしました。公務災害でしたが、校長、同僚、近所からも非難される、そんな活動でした。

「過労死」から「過労自殺」へ

この会が結成された当時、厚生労働省は「過労死」という言葉を使うことを嫌がっていました。しかし、過労死を考える家族の会は「過労死」の現状・労災認定までの苦労などを粘り強く社会に訴え、辛さに耐えてマスコミの取材に応じてきました。また、国連本部にまで訴えに行き、日本の異常な長時間労働の実態を訴えました。

その後、「過労死」が「karoshi」として世界的に注目されるようになると厚生労働省としても認めざるをえなくなり、過労死は労災認定基準の中に位置づけられるようになりました。

しかし、当時の過労性脳・心臓疾患の労災認定は年間三〇件前後でした。これは、当時の労災認定基準が、「発症の当日に、従前の業務に比べて、特に過激な業務に従事したことによる肉体的・精神的負担がなければならない。」とされており、きわめて認定される件数が少なかったからです。しかし、その後、行政機関の認定基準の壁を突き崩すような過労死裁判での勝訴判決を重ねていくなかで、脳・心臓疾患の認定範囲は広がっていきました。

そして、一九九六年、電通事件で、東京地裁が長時間労働とうつ病自殺の因果関係を認めたことにより、はじめて「過労自殺」が認められました。この東京地裁判決は、二〇〇〇年には、最高裁で確定し、長時間労働に起因する自殺も過労死の一類型として社会的に公認されることになりました。

過労死を考える家族の会に所属する遺族たちは、労災認定を求めていくなかで、「過労死は個人の責任ではなく社会の仕組みの問題であり、労働法制と関わって労働環境と密接に関係している」ことに気付きました。そこで、過労死を増やすような悪法については労働諸団体と共に強く反対をしてきました。そこで、もはや法による規制しか他に道はないと考え「過労死等防止基本法」の制定を求めて、過労死弁護団とともに取り組みを始めました。

「過労死等防止対策推進法」の成立

立法を求める継続的な団体を作ろうと、二〇一一年一一月、全国過労死を考える家族の会と過労死弁護団全国連絡会議の呼びかけで「ストップ！　過労死防止基本法制定実行委員会」が結成され、一〇〇万人署名や地方自治体の意見書採択などを中心とする国民的運動がスタートしました。

以来、全国で過労死遺族たちが先頭に立って街頭宣伝や集会で署名協力を訴え、集まった署名は五五万筆を超えました。また、地方議会意見書採択のための陳情を重ね、過労死防止法の制定を求める意見書を採択した地方議会は、一一道府県議会を含む一四三に及びました。

二〇一三年五月には、ジュネーブで行われた国連社会権規約委員会の日本審査の場に過労死遺族の代表が参加して日本の過労死問題を訴えたところ、委員会は日本政府に過労死・過労自殺の防止措置を勧告しました。

そして、世論の盛り上がりを背景に、ついに二〇一三年六月、「過労死防止基本法の制定を目指す超党派議員連盟」が結成され、二〇一四年五月二三日には衆議院厚生労働委員会で歴史上初めて過労死遺族の代表が意見陳述を行った後、五月二七日衆議院本会議で満場一致で可決。続いて、六月一九日参議院厚生労働委員会でも意見陳述を行った後、参議院本会議でも満場一致で可決され、ついに過労死等防止対策推進法（過労死防止法）が成立したのです。

過労死をゼロにするためには、取締りや罰則の強化に頼るだけではなく、国や地方自治体はもちろん、企業も働く人自身も意識を変えていく必要があります。それには過労死遺族の訴えが不可欠であり、過労死を考える家族の会の役割は大きいと思います。

新しい労働運動の担い手POSSEの支援

淳子さんは、過労死を考える家族の会に入会しました。中原さんの話を聴き、過労死の遺族として、この裁判を闘う意味を知り、背中を後押しされたようでした。

ちょうどそのころ、私は、労働NPO「ワーカーズネットかわさき」という団体を、同じ川崎の若手弁護士の山口毅大弁護士や、林祐介弁護士、川崎労働組合総連合の事務局長になったばかりであった長島進一さんと立ち上げたところでした。社会に埋もれた労働問題の掘り起し、根本解決をめざし、毎月の深夜街頭労働相談・ブラック企業アンケート・SNSを使った情報発信、ワークルール教育などの試行錯誤をはじめていました。

団体立ち上げの動機は、日本の労働組合中心の労働運動が弱体化するなかで、京浜工業地帯の中心地として伝統的に多くの労働運動を背負った川崎も弱体化し、私たちが弁護士になるころは、大型の労働事件はほとんどない状態でした。他方で、働く人の権利は、企業に命を奪われる極限被害としての過労死問題をはじめ、非正規化や雇用の不安定化などますます深刻化する状態となっていました。そのなかで、地域を基盤とした新しい労働運動のスタイルを模索し、労働運動を再建したい、そんな思いから、NPOを設立しました。

具体的な活動としては、毎月駅頭での深夜相談やインターネットを通じての被害掘り起こしからはじめ、アメリカでの地域を巻き込んだ形での新しい労働組合の枠を超えた地域組織とのネットワークをベースに展開する労働運動、すなわち「社会運動ユニオニズム」の研究などを進めていました。労働問題を根本的に解決するためには、単に個別事件の解決にとどまらず、問題が発生する構造を明らかにし、社会問題化し発信することが重要です。この点について、「社会運動ユニオニズム」から学び、弁護士、各労働組合、市民団体の枠を超えた労働センターの存在が重要と考えるようになりました。

日本においては、若者が中心となって結成したNPO法人POSSEが、ブラック企業問題の切り口から、マスメディア戦略やSNS戦略を駆使して、労働紛争の個別解決にとどまらず、社会問題化と、企業、業界の根本解決をめざした、これまでの労働運動のスタイルとは異質の労働運動を展開し、めざましい成功をおさめていました。

淳子さんから、事件の相談を受けた二〇一四年一〇月に、ちょうどワーカーズネットの学習会として、NPO法人POSSEを講師に招いての学習会を開催していました。その懇親会で、私は、講師として来ていただいたPOSSE事務局長の川村遼平さんに、グリーンディスプレイ事件について話をし、ただの一事件としてではなく、社会問題として展開できないか相談をしました。

川村さんは、「就職をしたばかりの若者の過労事故死問題は、ブラック企業被害の究極といえます。背景の若者がおかれている深刻な労働環境まで光を当て、社会問題として社会的に発信すべき事件です」とアドバイスをいただきました。

その後、ＰＯＳＳＥから坂倉昇平さんが支援担当として加わり、裁判終結まで支援を継続してくれました。

坂倉さんは、当時のことを次のように語っています。


私が初めて渡辺（淳子）さんにお会いしたのは、提訴を前にした二〇一五年四月のことです。川岸弁護士から、記者会見など社会的発信による裁判支援を打診されての打ち合わせでした。入社したばかりの若者の命を長時間労働によって奪ってしまうブラック企業の象徴的事件であることから、支援しない理由はないと思い、支援を引き受けました。

とはいえ、この事件を闘う大変さもこの時点で予感していました。まず、判例をほとんど聞いたことのない過労事故死が争点であること。そして、これから何年続くかわからず、勝てるとも明確にいいづらい裁判を渡辺さんが闘い続けることへの心配もありました。事故からまだ一年も経っておらず、このときの渡辺さんは「強い」といえるような状態にはとても見えませんでした。しかし、このとき渡辺さんは、提訴会見で実名と顔を出すと話されており、その決心に驚いたことを覚えています。


これら多くの支援者に背中を押される形で、淳子さんは、裁判へと歩みを進め、記者会見

に臨み、社会的に注目されるなか、裁判はスタートしました。

第3章 裁判へ

第一回期日

私は、今回過労の末、事故死した渡辺航太の母です。はじめに、亡くなった航太についてお話させてください。

どの親御さんもそうであるように、私にとって航太は宝であり希望でした。

幼いころの航太は、人見知りで兄の後をついていくのが精一杯な子でした。しかし、成長していくにつれ、持ち前の思いやりや、気配りができる優しい子でしたから、自然に友人も集まってくるようでした。いつの間にか頼りにされ中心となっていき、ものごとが動いていくことも多かったと思います。

スポーツが得意で部活動も熱心でした。生徒会活動などで、責任感ということも学んでいったと思います。とにかく、何事にもコツコツ努力し、精一杯楽しんで生活をしておりました。明るく周りを穏やかにさせる性格でした。

航太を象徴するエピソードとしては、小遣いをためて、母の日のお花は二本買い求め、私と親友のお母さんにも感謝の気持ちを伝え、渡していたことを思い出します。男の子ですが、母親の私との会話も多く、冗談を言いながら一緒に夕食を摂るのが幸せな時間でした。

高校卒業の少し前から、離婚により、私と兄との三人の生活となりましたが、航太は忙しい母を手伝ってくれました。大学進学は、東洋大学二部・夜間大学を選び、日中はアルバイトで生活費を稼ぎ、母親の負担を軽くしてくれました。同時に、アルバイト先でも、まじめな人間であることが認められ、社員と同等な役割を担っていたと聞いております。

最近では、もう親子が逆になり、航太から私の体調を気遣う言葉が多かったように思います。大学を卒業し二四歳となり、何事にも前向きで明るく、コツコツ積み上げて自分のものにしていくことが航太の生き方であり、自信を持って歩き始めていました。

航太が私によく言っていた言葉があります。「生きていることは奇跡なんだ、一瞬一瞬が奇跡なんだよ。大事に一生懸命生きないともったいないよ！　せっかくお母さんが、奇跡を僕にくれたんだから！」と、生きることが大好きな人間でした。


二〇一五年六月一一日、横浜地方裁判所川崎支部一〇一号法廷。六〇席ほどある席は満員の傍聴者で埋められ、第一回期日が始まりました。淳子さんの意見陳述は、航太さんへの想いを語ることから始まりました。傍聴席の最前列には、航太さんの遺影。お兄さんとともに航太さんも裁判を見守りました。

第一回期日は、裁判所に対して、この事件の意義と、淳子さんの原告としての想いを伝える、大切な機会です。私は、通常の民事裁判ではやらないことですが、原告本人と、弁護士からの意見陳述を裁判所に要望し、時間が与えられました。大勢の傍聴人の存在は、裁判所にこの事件が社会的に注目されていることを認識させます。そして、事件の重大さを裁判官に理解させ、真摯に取り組む姿勢につながります。

私は、提訴時から支援をしてくれていた過労死を考える家族会や、ＰＯＳＳＥに、裁判傍聴を呼び掛けてもらうようお願いしました。そして、私個人としても、これまでつながりのあった労働組合や地域の人たちに声をかけて、傍聴をお願いしました。

最愛の息子を亡くして

最愛の息子を亡くして一年が経ちます。

こんなことになってしまったのは求人票を信じきった私のせいであり、航太の正社員になりたいという希望と、母親を安心させたいという気持ちが航太の人生を終わらせてしまったのではないかと日々申し訳なく思ってしまいます。出来ることなら航太と代わってやりたいです。航太は誠実な人間で、気配りのできる明るい性格でした。これからの社会に少なからず、必ずや貢献できる人間に成長したばかりの二四歳の青年でした。とても残念でなりません。

グリーンディスプレイに関しては、すべてがでたらめで、まじめに働こうとする人間を軽視していますす。雇い入れておきながら通勤方法や通勤時間、睡眠時間などまったく配慮がなく、せめてもの仮眠室がきちんと整備されていませんでした。

グリーンディスプレイは、線香をあげるでもなく、お墓の場所を聞いてくるでもありませんでした。短期間バイトしていた人間が事故を起こして、亡くなった、そういうことだけで処理されている感覚が伝わってきました。ハローワークの求人票と実際の労働条件が違うことを問い詰めても、「求人票通りの会社はない」などと言われました。嘘の記載があったにもかかわらず信じてしまったほうが常識外れと言わんばかりの会社からの言われようでした。何を信じて就職先を選べばよいのかまったくわかりません。グリーンディスプレイは、都会の有名店でお客様に夢を売る仕事に携わっていながら、裏では人間を人間扱いしない会社です。現在私は、街に出てそれらの装飾も見ることができません。辛い気持ちになります。

現代の若い方の労働環境は、非正規雇用で就職している新卒者も多く、正社員になることが先ずは第一目標です。多少の無理な労働時間やパワハラを気にしていては正社員にはなれないのではないか？　と強迫観念が知らず知らずに、植え付けられている環境があるように思います。わが子が受けた「平成生まれはあまいなー」のパワハラに象徴されるように、我慢が出来ない人間と思われたくない一心で、不当な現実をどこかに相談する機会を自ら見失っているように思えます。

大学側の説明会、会社の説明会、ネットでの情報、友人たちの就職状況、ハローワークでの求人情報など、信じられるものは何か、いずれも働く側ではなく企業側に有利になっているようにしか思えません。とくに新卒者には見極めがつかない部分が多く、相談できる機関、機会などまったくわからないで苦しんでいる者が多くいると感じています。

航太は「好きな仕事にめぐりあえたのだから幸せじゃないか」と自分に言い聞かせ、夢を力に変えて、最大限の努力をしていました。そんな人間の命までも奪うほどの利益優先の企業体質は、許しがたいと思います。

今後就職する若い人のためにも、この裁判では、おかしなものはおかしいと、はっきり認めてもらいたいと思います。

傍聴席からは、多くのすすり泣く声が聞こえました。航太さんのお兄さんは、航太さんの遺影を抱きしめながら、静かに涙を流していました。当時、まだ私は子どもを授かっていなかったのですが、実の弟がいます。その時の航太さんのお兄さんの姿を見て、法廷で不意に涙をこらえることができなくなりました。この事件を通じて、淳子さんが常に訴えていたことは、自分の肉親を失う深い悲しみとやり場のない気持ちだったのだと思います。私もこの時、本当の意味で淳子さんの気持ちに触れた思いがしました。

この裁判で求めるもの

第一回期日では、続いて、私が代理人として、本件の過労事故死を裁判で問う意義について陳述しました。この陳述内容は、裁判所の最後の和解決定勧告でも引用され、裁判所が本件の意義を理解し、真剣に解決をする確かなきっかけになりました。

・この裁判で求めるもの

本裁判は、未来の希望にあふれた若者であった、航太さんのかけがえのない命が一瞬で奪われた、凄惨な事件です。ご遺族原告の悲しみは計り知れません。奪われた命は、戻ってきません。遺族原告は、本訴訟において、航太さんの命を、お金に変えることを望んでいるのではありません。お金で済む問題ではないのです。

それでも、遺族原告が提訴を決意したのは、決して消えることのない喪失感のなか、グリーンディスプレイの加害者としての責任を明らかにし、航太さんの無念を晴らし、航太さんと共に前に進むためなのです。裁判所におかれては、失われた航太さんの命の重み、遺族の決意を受け止めていただくようお願いします。

・労働者の非正規化と行政の規制の怠り

加えて、本件提訴は、昨今社会問題となっている若者の雇用問題が背景にある事件として、提訴時から社会的注目を受けています。

本件事故の背景として、労働者の非正規化があります。労働者の非正規化が進むなか、若者は正社員としての就職を切望しています。グリーンディスプレイは、このような若者の気持ちを利用し、試用期間であるとしてアルバイトとしての就労を求め、長時間過酷労働に従事させ、使い捨てたのです。本件事故の背景には、雇用形態の非正規化の進行と、若者の就職難があります。

また、労働行政の怠慢も、本件の背景にあります。航太さんは、グリーンディスプレイのハローワークの求人票を信頼し、応募したところ、求人票の記載とはまったく異なる過酷な労働に従事させられることとなりました。すなわち、求人時に、企業から労働者に対し、虚偽の情報提供がされており、公的機関であるハローワークがそのような虚偽記載を放置したことが原因で、航太さんのような犠牲を生みました。

以上、労働者の非正規化のなかでの若者の就職難と、企業による若年労働者の使い捨て、そしてこれに対する労働行政の対策の怠慢という、昨今のいわゆる「ブラック企業」問題の被害の極限が、本件なのです。そのため、本裁判は、広く社会的注目を受けています。

・過労死事件における司法の役割

航太さんの従事していた長時間労働および深夜不規則労働は、過労死認定基準に該当するほどの過重労働であり、過労の蓄積の結果、事故死に至りました。本件は、企業の経済的利益追及によって、労働者の命が奪われてしまった過労死事件として位置づけられます。

「過労死」救済の歴史において、これまで司法が果たしてきた役割は大きいものです。労働行政が、企業の横暴による労働者の「過労死」の救済をなかなか認めないなか、司法が、労働者の命に真摯に向き合った判決を下すことによって、国による救済と対策の道が切り拓かれてきた歴史が、「過労死」の歴史です。そして、長い闘いの末、ようやく昨年、過労死対策の基本法として、過労死等防止対策推進法が成立しました。

現在のところ、過労死等防止対策推進法の対象とする「過労死」は、脳・心臓疾患と、精神疾患による自殺であり、本件のような過労事故死は含まれていませんが、過労事故死は、調査研究の対象とされ、調査の結果によっては、今後の対策が取られる可能性があるものとされています。

裁判所におかれては、航太さんの命の重みに真摯に向き合い、本裁判の社会的影響を踏まえて、二度とこのような悲劇を繰り返さないため、司法としての役割を果たすべく審理されるよう切望いたします。


意見陳述のあと、驚いたことに、橋本英史裁判長は、「失われた命の重みを受け止め真摯に審理をします」と一言発言し、法廷を去りました。原告の意見陳述のあと、裁判官が発言することは、きわめて異例のことです。最初に、裁判官の心、「司法の良心」を感じたのは、このときでした。

裁判所のこの「約束」は、画期的な和解勧告という形で、三年後に果たされることになります。

若者の未来を背負った闘い

第一回期日では、ＰＯＳＳＥの呼びかけで集まった航太さんと同世代の大学生・大学院生が二〇人近く傍聴に参加してくれました。きっと裁判官からみたとき、航太さんと同世代の若者たちが見守っているなかで、彼らの運命を背負った事件であると感じられたと思います。

ＰＯＳＳＥの呼びかけで集まった若い支援者たちからは、多くの応援メッセージもいただきました。その一部をご紹介します。

・航太さんの同世代として、裁判を傍聴したり、集会でお話を伺って、身近ないろんな人の顔が浮かんできました。お話を伺えば伺うほど、本来ならば私たち自身が声をあげていかなければいけないことではあるのですが、目の前のことや生活のことでいっぱいであったり、声を上げた後のその後の影響が心配だというのが正直な声なのだと思います。いろんな現実に向き合ったり、会社や社会に向けて声を上げていくことは、ありきたりな言葉ですが想像できないエネルギーがいるものだと思います。お体を大切に。私も一個人として微力ですが今後も目を向け続けられればと思います。

・私は都内の大学に通う大学生です。社会の担い手である若者を利潤を目的とする企業が食いつぶすことにある意味当事者として怒りを感じました。小さな動きでも続けることで必ず変化は起こると思います。微力ですが支援していきたいと思います。若い世代は「他力本願」ではないです。若い世代は「優しい」ですし、正しい怒り方や抵抗の仕方を知らないのだと思います。

・同世代の「就職」「労働」問題というのは、日常会話のなかで出てくるものであり、身近なものでした。けれど、実際にそのなかで自分たちの権利がどこにあって、何が「違法性」といえるのかわからない、そして、権利が侵害されていると思ったとしても、裁判を起こすことはかなりハードルが高いし、その後の生活への影響が心配だという話をしていたりしました。そのなかで、今回このようになんらかの形で社会に訴えかけていくことの大切さそして意義は大きなものだと感じました。

第一回期日後の、航太さんと同世代の若者の感想を見て送られてきた淳子さんからのメールを紹介します。

川岸卓哉　様

本日はありがとうございました。

私はこれまで、第一に自責の念が強く、言い表せない孤独感と迷いや憎しみや苦しみ、あらゆる負の気持ちが渦巻いて、毎日を過ごしてきました。

本日、皆様のお陰で少しそれらの荷をおろすことができた気がします。

その分、前に進めるといいかなと、思っています。

どんな結果であれ、もう後悔はしたくない、今できることをやりたい！

というのが、提訴した時の気持ちです。現在も変わりません。

川岸先生の判断で必要なことは、進めてください。

これからも、お願いいたします。


アンケートを送ってくださいました。

昨日は、泣けて泣けて

平成の子は、強くて優しい！

「生まれた時から好景気は知らないし、内戦やテロ、自然災害など、多くの人たちが亡くなっていく様を見て育っている。個の力では立ち向かえない、被害者に寄り添う気持ちを持つことしかできない。でもね、それが大事なんだよ。」と、高校生のころかな？　航太が話していたのを思い出します。私のように、高度成長期のころに、努力もせず浮かれきった青春時代を過ごした世代との違いを感じました。（とはいえ、平成とか、ゆとりとか、全く関係ないと思います。しかし時代背景は人格に少なからず影響するのでしょう。）

私は何歳まで生きるのかわかりませんが「若者はどの時代も安心して夢を持つ権利があるんですよ！」と言える人になりたいものです。その安心の小さな一歩に、航太と一緒に貢献したいですね。（二〇一六年五月二二日メール　渡辺淳子）

また、純子さんは、ＰＯＳＳＥの坂倉さん宛てにも、支援のお礼のメールを送っています。

坂倉　様

遺族は辛いけれど、訴えることの大切さを感じさせられます。

自分のやっていることが、いったい何につながるのか？　ただ、親のエゴではないのか？社会の役に立つのか？　本当に役立ちたいと考えているのか？　そんな心の余裕があるのか？毎日自問自答ですが、そう考えられるようになったのも最近です。とにかく無我夢中です。

そんな姿をみて、見事にそれまで私の近くにいてくれた人達は遠のいていきました。理解できない、理解したくない、面倒、余裕がない、諦めようと考える方々が多いのも感じます。署名を募っていても同様です。いろいろな考えがあるのは当然です。

しかし、理解しているのに諦めてしまうのはいけないのでは？　と感じています。

ＰＯＳＳＥの方々の力で、この時代を一生懸命生きた息子と母親を紹介していただき、そして目に止める方がいらして、とてもありがたいです。と同時に、特別なことではなく世の中の半分近くの若者や家族が同様の環境にあることは間違いないのです。

「昔とどう違うか？」なんて考えている暇はありません。若者は昔を知らない。直面した現実を必死で生きています。「真面目に、一生懸命生きましょう！」と育てたのは我々世代であり、その世代が真面目な若者を叩き潰している世の中です。そのありようは私にとって『地獄絵図』です。

無視しないで、みんなで関心をもつべき！　と伝えたいです。（二〇一七年三月三一日メール　渡辺淳子）

POSSEの坂倉さんは、後に、淳子さんと若者との交流について、こう語っています。

私たちは大学生や若い社会人の仲間を毎回裁判傍聴に連れていきましたが、渡辺さんが発言される、航太さんへの思いのこもった言葉や、裁判に対する力強い言葉は、支援する私たちの側が心を揺さぶられ、勇気づけられてしまうほどでした。これから社会を担っていく若者たちにとって、忘れなれない経験になったはずです。

第一回期日から最終局面まで、航太さんと同世代の若い人がたくさん傍聴にきていただきました。このことは、裁判所に、航太さんの命だけでなく、若者の命を背負った闘いであることを、伝え続けていました。

第4章

航太

航太さんとは、どんな青年だったのか。ここでは、淳子さんに航太さんの生い立ちと人柄を振り返ってもらいます。

＊＊＊

航太の故郷は東京都文京区です。たくさんの大学があり、池袋や新宿という大都会に囲まれつつも公園や神社の隅には林などが残る、東京の中でも自然豊かな場所でした。

小学校と中学校は地域の公立学校へ通いました。

航太は、いわゆる「ゆとり教育」を受けた世代です。わたしたちの時代の暗記に特化した学習法とは違い、先生たちからは子どもたちの個性を尊重し、豊かな知識を身につけていただきました。ただ覚えるだけの教育ではなく、さまざまな経験をして学びました。もちろん「指示待ち世代」などではなく、競争心や自立心も養われ、生徒数が少ない分、目の行き届く理想的な教育を受けました。胸を張って世の中に出られると期待したものです。就職先のグリーンディスプレイ社では「さすがゆとり世代だ」と揶揄される言葉を受け続けたようです。航太は「根拠のないくだらない言葉だ」と気にしていないとは言っていましたが、たびたび言われることで、ストレスになっていました。

たくさんの友人に囲まれて

小学校時代は保育園の仲間に加えたくさんの友人に恵まれました。外で泥んこになって遊んでくる子どもでした。集団で行うスポーツにも興味を持ち、地域でメンバーを募っていた野球や剣道、卓球などにも参加するようになります。学童保育での工作やみんなで作る「もの作り」などにも積極的に参加していました。

遊びに夢中の航太がうちに帰って「勉強もしなさいよ！」と、声をかけると「勉強は学校でやるもの！　あとの時間はしっかり遊ぶんだ！」と笑顔で切り返します。たしかに、授業は集中していたようですが。放課後や自宅では、最大限楽しんで遊びに夢中でした。

三分の一の生徒が有名私立中学へ受験していく小学校でした。各自一日の過ごし方も違っていたようですが、学校ではみんなそれぞれを尊重し助け合っていました。さまざまな道に進んでいますが、そのころの友情は絶えることなく、大人になってからも交流があり、今回のことではみんな自分のことのように心を痛めています。

そのころ大塚警察署で剣道を習っていました。個人戦では中くらいの成績ですが、団体戦の大将に選ばれると、実力を発揮します。個人戦で相手の力を観察して、団体戦になるとそれが生かされます。相手の力を読みながら、適切な組み順を決めます。最後に大将の責任感からいつも以上の力を発揮して、勝っていきます。これが航太のやり方です。みんなと力を合わせて戦っていく団体戦勝利の喜びはとても大きいようでした。

そんな航太の性格は、運動会でも生かされていました。学年縦割りのチームでのムカデ競争では、六年生の航太はリーダーとしてメンバーに指示します。「スピードは低学年に合わせること！　折り返し地点はゆっくりと焦らないこと！　勝つことを意識せず絶対に転ばないことに集中！」とこの三つだけを告げたと言います。なぜなら、「メンバーはそのつど違うので普段の練習はあまり生かされない。運動会本番には緊張するだろうから、集中が一番の強みなんだ。転んで立て直す時間がリスクになり、なぜか一度転ぶと何度も転ぶのがムカデ競争の特徴だ」と分析します。その判断は的中し、僅差で勝利！　ウサギとカメの必勝法とも言えるかもしれません。航太の好きな「みんなで喜ぶ」を実践していきます。

体育の授業に限らず、先生たちの指導は「良かったこと」「反省すること」「気づき」などを生徒に繰り返し記録させることでした。これがゆとり教育の特徴ではないしょうか。観察力、判断力、実行力を身につけていきます。「なんでも一番！」の自分中心の考えだった保育園の幼い時代から考えると、一番じゃなくてもそれぞれの個性を発揮して喜び合えることが幸せだと思えるようになってきました。明るく、でも恥ずかしがり屋で、ひょうきんなところが、みんなに好かれていました。のびのびと成長し、人格の基礎を築いていた時期です。

神戸からの転校生

中学生になってからは、自分らしさを発揮できるようになります。唯一の運動部であるバスケット部へ入ります。勝気な性格は変わりませんが、努力しなければ勝てないことは十分に理解できる年齢であり部活動に集中していきます。気配りができる性格も活かせると、生徒会の仕事もこなしていきます。自分で考え自分で行動することをモットーとしながらも、協調性を尊んでいました。

真面目ではありましたが、失敗もたくさんありました。ひょうきんに笑い飛ばすのが特徴でもあり、くよくよしてないでいつも笑顔が印象的です。

やはり運動会では大活躍です。応援団長になり、騎馬戦では男気を発揮していました。あのころの、ビデオや写真を見ると涙が止まりません。航太らしさがあふれています。

航太の中学生時代、阪神・淡路大震災のため一人で親戚宅に避難し転校してきた下級生がいました。私が早朝コンビニへ買い物に行ったとき、その生徒がいました。笑顔で元気よく「おはようございます」といい、制服姿で朝食のサンドイッチを美味しそうに食べて、そのまま学校へ向かっていきました。家に戻った私は、「神戸からの転校生、一人で朝食を食べていてかわいそうだから、うちで一緒にご飯食べるよう誘ってあげたら」と伝えました。しかし航太は

「彼は本当にかわいそうだったの？　助けてくださいと言ったの？　それなら別だけど、ぼくが見たところ同級生と楽しくやっているし、生徒会のぼくらも見守っているし、何か気になれば先生に相談する。それからお母さんたちに頼むことがあるかもしれない。ぼくたちを信じてほしい。お母さんたちの同情は彼にとって迷惑かもしれない。ぼくがその立場なら、そっと見守っていてほしいと思うよ。」と言います。私はそのとおりだなと思いました。一度見た印象で同情心を押し売りするのではなく、相手に寄り添い優しく見守ることが大切だと反省したものです。

そして、その転校生は卒業前に故郷の神戸に戻りましたが、良い中学生活を送れたと感謝の便りが学校へ届いていました。航太の判断は間違いではなかったことを確信しました。

最近、被災地から避難してくる転校生のいじめ事件が報道されるたびに、迎える側が暖かく見守り、仲良くして行くことが大切だと実感します。そのたびに、中学生だったころの航太との会話をいつも思い出しています。

わが家の教育方針と「航太の流儀」

中学時代は多感な年ごろでもあり、家族より友人といたいと思うことが多くなります。部活動や生徒会など学校生活も忙しく、仕方がないとは思いながらも、家族としての役目も忘れて欲しくなかったため、部活の自由参加である朝練は基本的に行かないで、家のことを何か一つでもやるように言っていました。これは、私の教育方針で航太の兄にも同様でした。室内のゴミ箱のゴミを分別して出すなど、些細なことでもできることを手伝っていました。帰宅後も仕事で遅くなる母親の手伝いとして、夕飯の準備や、浴室の掃除など自分たちで考えてやるようになります。

学校の勉強方法も特徴があり、主要科目は「基礎」「応用」「発展」の三クラスに分かれており選択授業になっています。本人希望で選択できますが、成績により変更されることもあります。勉強にも努力しないと希望する授業が受けられません。遊ぶ楽しさだけではなく、学ぶ大切さを身につけ時間を有効に使えるよう自分で計画を立てながら生活をしていました。

友人から聞いた話によると、航太は人に流されることなく自分で決めて進んでいくタイプで、それにみんなも興味を持って集まってくるのがパターンだったそうです。そうなると自然にリーダーシップをとっていくことになるそうです。最初にグループを作り自分の指示で引っ張っていくというのではありません。学校の行事や遊びなど目標とすることに誰も興味がなく、人が集まらなくても、自分が目指すことは黙々と一人でも実行していく、人が集まれば仲間と一緒にやっていくのが「航太の流儀」であり、大人になっても変わらなかったと話しています。

母親の眼から見ても、そう見えました。意志が強く、人にも配慮ができる人間でした。

航太と二人三脚

高校はスポーツの強い私立高を希望していました。同時に大学も目指したいと、私に希望を言っていました。私はそのころまで服地のデザイン画を描く仕事をしていましたが、景気低迷で仕事が減っていました。先を見込んで介護の仕事を一からスタートすることに決め、航太と一緒に夢を目指して二人三脚の生活が始まります。

受験はスポーツ科ではなく文理科で、塾や予備校へ通わせる余裕がないので、大学への受験勉強は授業や自主勉強で頑張ってほしいと、私からの条件を出しました。

無事に希望の高校に合格し、迷うことなくバスケット部へ入部しました。文理科とスポーツ科では授業形態が異なり、航太は圧倒的に練習時間が少なくなってしまいます。そもそもスポーツ科の生徒は中学生の時から実力を身につけており航太とは歴然とした差がありました。幼いころから各家庭で海外へ留学させたり、個別に合宿へ参加して実力をつけて入学してくる生徒もいます。昔ながらの、軍隊を連想させるような部活動ではありません。実力重視で強豪校へ挑んでいく姿勢はもちろんありますが、実力もない練習時間も少ない航太にも、役目や役割を選ばせ、実行できる環境がありました。特にスポーツに関する栄養学や身体の仕組み、身体の鍛え方やケガの予防など、たくさんのことを教育していただき興味を持って学んでいきました。短い練習時間でも、努力することで徐々に実力もつけていき最後に公式試合にも出ることができました。シュートを決めるごとに声援は大きくなり、みんなに愛されているのは間違いなく、コツコツと頑張ってきた成果が、その最大級の応援でわかりました。とても感動的なシーンでした。航太は心から先生や部員の皆さんに感謝しています。勉強との両立も頑張っており、文理科で最後まで厳しいバスケット部に残れたのは航太だけです。

そんな航太を可愛がってくださった顧問の先生が穂積先生です。

航太の葬儀には体調を崩され入院中で、報道などをご覧になっていたのでしょう、病室からお手紙をいただきました。航太が卒業後も、おそらく気にかけていただいていたのが、裁判後に寄せられたこの手紙でわかりました。人の心の中で、ちゃんと生きている航太を感じることができ感謝しました。手紙の内容をご紹介します。

渡辺淳子　様

一雨ごとに、暖かく春めいてきました。いかがお過ごしでしょうか。

ご無沙汰しております。この度は、裁判での全面勝訴和解成立、良かったと思います。しかし、航太君が戻ってくるわけではなく、残念な気持ちは拭えません。

高校で頑張ってバスケットボールに打ち込んでいた姿を思い出します。当時は、全国大会出場を目標に部員も集まりそれ相応に練習、遠征また保護者の援助応援いただき、伸び進んでおりました。その中で、航太君は最後まで部員として、一生徒として学習との両立に頑張っていました。私は、指導方針として常に、勝つためだけの指導、生活を考えてはいませんでした。いずれ生徒たちはバスケットとは離れた職業に就き、生活し家庭を持ち人生を歩んでいくことになります。厳しい練習や、上下関係で忍耐力を培い、仲間を大切にする思いが優しさとなり、話を聞く姿勢、考える力で学習力となり、遠征での他校との接触で、好きなことができる喜び、そして何よりもそれを支えてくれている親への感謝の気持ちを持つことができ、公式戦での勝った喜び、負けた時の悔しさを体験することで、多くの人間としての成長が期待され、社会に出ての頑張りにと考えておりました。したがって、航太君のように、文理コース所属の生徒でも、分け隔てなく指導してきました。しかし、多くの文理コース所属の生徒は、学習との両立、練習の厳しさなどで退部していきました。その中で、航太君は最後まで部員として卒業してくれました。私としては航太君に感謝の思いでいます。特に二年になり、単位増により、練習開始時間に遅れての参加を余儀なくされましたが、一生懸命食らいついていく姿勢が周りの部員たちにも、先輩たちにも伝わっていきました。練習のみならず、掃除や、ボール出し、率先した声出し、あと片付けなど周りからの航太君への評価が、信頼となっていったように思います。私は、何とかその頑張りを評価の一つにどう対応できるかと考えていました。また、三年生になってからはかなりの力量をつけていました。結論は、ユニホームを着せベンチに入れ、いつかどこかで出場できる場面を作ることでした。そしてその場面が現実となりました。他にも試合に出られない選手やその保護者はどう思うだろうかとの心配もありましたが、思いもよらず、部員皆から、また保護者から大きな拍手と声援の声が聞かれた時のうれしさ、感動は今でも忘れることができません。このような部員たちを持てたことは自慢であり、また支えていただいた保護者の皆様に感謝しております。

今思えば、常に何事にもまじめに取り組む頑張り屋であったことが、過酷な無謀ともいえる仕事量、勤務時間に休まることなく突き進んでしまったか、とも思わずにはいられませんが、企業としてこれからの若い人材を育てる責任は大きいと思います。必ずや航太君は、この会社で必要となる人材になり得たことと私は確信しています。会社は大きな人材を失ったことと思います。これから辛いことも、楽しいことも長い人生で多くの体験ができたこと、残念です。そしてお母さまの辛いお気持ちお察し致します。

穂積良一

そのころの私は、家事より仕事が中心になっており、航太のそのような生活をバックアップできたかは自信がありません。他の家庭に比べたら不自由があったに違いありませんが、文句も言わず家事も手伝い、私をねぎらう言葉も忘れません。亡くなる数日前の何気ない会話の中には、「ぼくの高校生活は一点の曇りもない、幸せで充実した時間だった。」と話してくれました。心からの感謝の気持ちが込められた言葉だと感じました。

その高校では同じバスケット部に小学校から同級生でスポーツ科の瀬島真人君がいます。おかげで、普段は教室の違うスポーツ科の先輩後輩とも仲良くできました。文理科での友人とも多く楽しい交流がありました。二年の秋には北海道へ修学旅行として農家へホームステイをしています。自然が大好きでしたが、農業体験ができて、植物に興味が芽生えたのもこのころかもしれません。

進学

高校三年生になり受験に挑んでいきました。都内の私立大学を推薦受験します。担任の先生と弱点を攻略し最大限に努力しましたが、不合格でした。試験問題や面接まで検証するも、悪かったところが見当たらないと先生の評価でしたが、初めて努力が実らない挫折感を味わったのでしょう。しばらくは落ち込んでいましたが、受験は諦めず挑んでいきました。そのなかで、大学の二部も選択肢に入れてほしいと私から提案しました。授業料が低いからです。いずれにしても奨学金を借りての進学となります。負担を軽くしたい思いからです。

悩んだ末での決断でしたが、働きながらの大学生活も社会勉強にもなるはずだと、ポジティブに捉えて自宅近くの大学の二部へ進学することになりました。最初の二年間のアルバイト先は学業重視のシフトが組めないため、辞めています。二部では昼間と違い、授業数が少なくて単位を落としてしまうと、翌年以降に再受講になり、仕事との両立はとても困難でした。三年目に学業重視で働けるアルバイトにめぐり合い、単位取得に頑張りましたが卒業まで六年かかりました。

新しいバイト先では、土日がかき入れ時の飲食業でしたが、日曜日は休みを取り「自分の時間」と決めていました。いくら忙しくても自分の時間は確保するようにしていました。私の働き方をみて「家事と仕事で毎日、働き詰めは間違っているよ。」と、私にもよく話していました。「もうぼくたちは大人になったのだから家事をサボってもいいよ！」と言いながら、私に代わって簡単な食事を作ってくれることもたびたびありました。

成人式を迎えての自立

在学中に成人式を迎え、自立を目標に兄と二人暮らしをスタートします。その直後、東日本大震災に見舞われます。「祖父母の時代は戦争を経験し、親世代は高度成長期、ぼくたちの世代は自然災害との戦いの世代になると思う！」と私に話していました。「この世代の共通の思い」と理解して聞いています。なんとも厳しい時代になるんだろうと、予想しています。

働きながらの大学生活ですが、アルバイト先では友人がたくさんできて楽しい時を過ごしています。

大学時代の社会経験としていたアルバイト先では、朝一一時ごろから夕方まで勤務して、学校へ向かいます。コツコツと仕事を覚えていき、後輩を育てる立場にもなり、頼りにもされ、良い経験ができたと話していました。

資金を貯めて、国内のひとり旅もしました。幼馴染との交流も絶え間なくあり、運転免許合宿にもいきました。休みには海や山登りと思い出に残ることもたくさんしていました。旅行でもリーダーシップを発揮していたようです。行き先や宿をコーディネートし、快適にみんなが過ごせるよう気配りを欠かしませんでした。旅先で地震や天候不良に遭遇することもありましたが、無理のない判断を下し、安全運転でみんなを送り届け帰宅してきました。

保育園の年少クラスから一緒だった、古川鉄也くんとは二四歳までは私より長い時間一緒に過ごしたのではないかと思います。小、中学校ではクラスや部活も同じで、高校と大学は違いましたが、すぐ近所に住んでいたので登下校等わざわざ遠回りしてもお互いの家のそばを通り、ほぼ毎日会っていました。大学生のころはコンサートや山登り、旅行など交友も活動的になります。いく先々で、自然を愛する航太の言葉が印象的であったと彼から聞いています。

そして「自分自身も自然の一部であること、命の大切さをお互いに感じていたこと。もっともっと、二人で行きたいところがあったはずなのに。航太に代わる人は見当たらず、どこにも行く気持ちにならない」とも話しています。

航太は友人たちの恋愛の悩み、家族の悩みいろいろな悩みの聞き役でもあり、相談者の味方でもありました。自分から弱音を吐くことはほとんどなかったようで、悩みごとも友人に話すことはありませんでした。しかし、就職の悩みは航太を含め、みんなの悩みでもありました。航太より先に卒業していても、正社員になるのは難しい状況でした。

航太も大学で経営学を学び、高校までのスポーツの経験を活かせないかと、就職活動は熱心に行っていましたが、届くのはいわゆる「お祈りメール」ばかりでした。

試用期間としてのアルバイト？

卒業した二〇一三年の夏ごろに稲城市に引越しをしてからは、勤務先も広範囲に探すようになりました。夏の終わりハローワークの求人票に複数応募しその中の一つがグリーンディスプレイ社でした。説明会から面接、最終面接にまで進みますが合否は告げられませんでした。航太の希望は正社員になることで、大学の奨学金を安定した収入から返済し、節

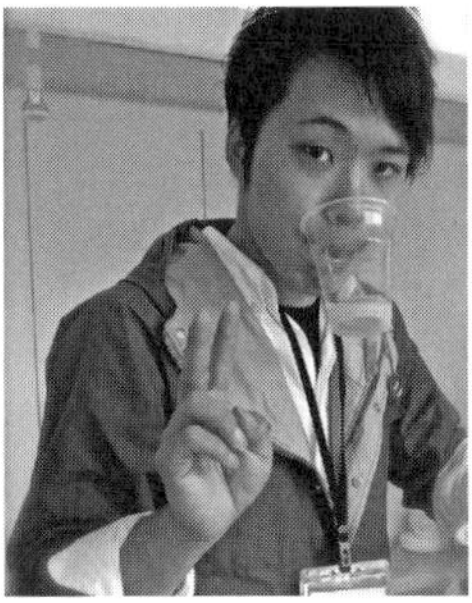

航太 グリーンディスプレイ社にて

約しながら生活の基盤を築きたいと願っていました。その秋一〇月にグリーンディスプレイ社で試用期間としてのアルバイトを始めました。もちろん、正社員として採用を試されたものです。事件後、会社に確認したところ、アルバイト開始一か月目には仕事を任せられる人材であり、採用が決定していたと言っています。本人も新年には合否を告げられ、精神的に余裕を持って将来を考えるつもりでしたが、会社としては合格を告げてしまうと、他社へ行かれてしまう恐れがあるので、伝えないこととしていたと平然と語っています。

航太としては、精一杯働いても認められず、しかし仕事は社員並みに責任を持たされており、迷いながらも諦めない方向で進んでいました。私は二月に休みをとって、私の故郷に一泊旅行を提案しました。その時も笑顔は見られず、任された仕事が気になっているようでした。学生時代のアルバイトでは、仕事が忙しくても「自分の時間」を大切にしていた航太が、そのころはまったく変わっていることに気づきました。本人自身も、口数が少なく私に相談することもなく、とにかく場所を変えて息抜きになってもらいたいと考えた旅行でした。

三月に入り、「やはり辞めようか、そうなると就活はもっと厳しくなるけど仕方がないな。」とつぶやくように言ったり、私は「それでも構わないから、体を壊すようなことがあってはならないのだから、そうしましょう。」と答えます。しかし「正社員になれたら、そこで考え直しても同じことだし、あと少しだけ頑張ってみたい」とも言います。私は背中を押して応援して良いのか、是が非でも止めるべきかを迷っていました。二四歳とは言え立派な大人であり、会社での様子も詳しく知らなかった私は、何もできなかったのが真実です。

「航太を死なせないで」

三月半ばにやっと正社員になれると伝えられます。一応喜んだものの、勤務管理はいい加減で、不規則な勤務時間で疲れているのは変わらず、四月に入ってからも迷いは続いていたので、ゴールデンウィークに会社に要求することをまとめ、もし駄目なら新たなスタートを模索することを二人で話し合い決めました。やっと先が見えた気がしました。

しかし、それは遅かったのです。その話をした四日後、事故に遭ってしまいました。あの時すぐに実行しなかったことを、今も悔やまれてなりません。

あの日なぜ帰ってこないのか、仮眠は取れているのか気になりながらも、私はいつものように出勤しました。午前中の仕事に集中し、訪問先に行くために電車に飛び乗りました。その時初めて携帯電話に着信がたくさん入っていることに気がつきます。すぐに電車から降りて、長男に電話をかけました。そして航太が、事故で亡くなったことを告げられました。私は話の内容を冷静に理解することができず、駅のホームで、その電話に大声で「航太を死なせないで。私が行くから病院から出さないで、私の命と取り替えてもらうから……」という内容を叫んでいたと思います。しかし航太はすでに救急病院に到着した時には命は絶えており、警察署に向かうところでした。このときの地獄へ突き落とされるような感覚は今でもたびたび襲ってきます。

それからは、途切れ途切れの記憶しかありませんが、葬儀までの数日間、航太が変わり果てた姿でわが家に帰って、二人きりの時間がありましたが、長身でがっしりとした体をさすりながら、なんでこんな若者が棺の中にいなければならないのか、なぜ私じゃないのか、寝ているようでもあり、体を揺すってみたり、話しかけたり絶えずしていましたが、いつものように起きてくれることはありませんでした。私は私自身の体と魂がもぎ取られる思いでした。生きる希望も失い、絶望感しかありませんでした。

やっとつながった電話

優しい子ではありましたが、消極的な性格ではありません。新入社員であったための弱い立場だったのか、何がどうなってしまったのか、真実が知りたいという欲求とも言える強い感情がわきあがりました。しかし同時に体力も精神力も衰弱してきて、なんとか仕事をやりながら病院通いの生活。それでもどこか相談に乗ってくれるところはないか探し始めていました。とはいえ、相談内容がまとまっているわけでもなく、何をやりたいのかという希望があるわけでもなく、ただただ話を聞いてくれるところがないか、当てもなく探し回っていました。

警察、一般の法律相談、労働基準監督署などにも行きました。慰めてはもらいましたが、話を聞いてもらえることはありませんでした。労働弁護士の電話相談というところに電話をしてみました。何度かけても話し中で、何日も続けていましたが、もう何もかも無理なんだと諦めかけ、これが最後の電話にしようとした時、やっと繋がり対応してくださったのが川岸弁護士でした。「お話をゆっくりとお聞きしますよ」と言ってくださり、救われた気持ちになりました。時間をかけて聞いてくださるということだけで満足でした。

覚悟のスタート

改めて、約束の日に川崎合同法律事務所に伺い、集めた資料などを提示し、泣きながら話したと思います。川岸先生は航太と同世代ということもあり、とても話やすく、先生もわかりやすい説明を心がけてくださったのが、ありがたく思いました。証拠資料を持参したというより、事件のことを話す時、涙と嗚咽で上手く話せなくなるので、説明しやすくするための資料として勤務時間のわかるタイムカードのコピーなど集めていました。翌年初めに「民事裁判をしましょう。」と言われましたが、ピンときませんでした。とにかく先生について行こう！と思いました。それは航太について行こう！　という感覚に似ていたからかもしれません。今は暗黒の世界しか見えないが、何か違う景色が見えるかもしれない。航太は勇気のある青年だったから、少し真似をしてみよう。重い心と体を動かそうと決心したのを覚えています。右も左もわからないまま、航太が亡くなった翌年の命日に提訴し、実名で記者会見をしました。私としては命がけの覚悟のスタートを切った思いでした。

真実を知りたい

そこからは会社で何が起こっていたのか、真実を知りたい欲求は概ね満たされていきますが、わかればわかるほど苦しみも増していきました。何も知らないでいた母親としての自責の念で押しつぶされそうにもなります。被告会社への不誠実な対応に傷ついていきます。あまりにも酷い目にあっていたことはわかってきましたが、裁判のゆくえは予想もつきません。良い判決が出たとしても航太が帰ってくることはありません。絶望感が消えることはないまま、一体何を力に生きていけば良いのか、わからなくなる時もしばしばありました。

私には応援し支えてくださる人や団体がたくさんありました。感謝とともに、期待に応えなければ、という思いが重くのしかかってきました。そんな時の心の支えにしたのは、「航太は救えなかったけど、どこかの若者一人でも救えたら良いのではないか！」と自分に何度も言い聞かせました。

「こんな、理不尽で不幸な社会であってはならない。若者は夢に向かって安心して進むべきだ」と、何度も心の中で繰り返すようになりました。さまざまな場所で、そのような発言をする機会が増えてきました。

周りの人たちも応援してくださいました。メディアでも報じていただき、その輪は広がっていきました。

それは、人の心を動かし、裁判官の心も動かせたのではないかと思っています。

履歴書の写真
（これが遺影になりました）

航太がグリーンディスプレイで働いて驚いていたことは、上司からの威圧的な指導でした。家族にも愚痴は言わない航太が、このことに関しては理解ができないようで、何度も私に話していました。現代にそんな人が存在するのか俄かには信じられないとこぼしていました。威圧することと、厳しさとは違うことが理解できていない未熟な人間としか考えられません。

こんな社会は間違っている！

少子化であり、人手不足と言われている日本で、先輩は若者を安全に働かせることが重要な役目であるはずです。発展した日本社会において当たり前にそう考えられているはずだと、私は航太の事件があるまでは信じていました。そうでなければ日本の未来がありません。

航太は、真面目で責任感があり、意思の強い人間でした。「そういう人ほど『過労死』してしまう」と、何度も耳にしました。そのたびに、真面目に育てた親や教育が全否定されるようで傷つきました。素直に成長した航太が不憫でなりません。

真面目で責任感があり、意思の強い人間が理不尽な扱いを受け、生きて行けない社会のほうが間違っていると、私は思っています。

「地球上に人間として生まれてきたことが奇跡であり、毎日を家族や友人と過ごせていることに感謝し、充実した人生を送ることが夢である」と言っていた、自然を愛する、ごく普通の青年です。

家族や友人にとっては、かけがえのない人間です。たくさんの人たちに助けてもらい、成長してきました。今も元気に生きていて欲しいです。

まだ何も始まっていない、人生これからというときに、こんな短い生涯であったことを、航太自身がとても無念で、やりきれなかったことでしょう。

「もう一度会いたい。すぐに戻ってきて人生をやり直してもらいたい。」それが、私からの願いです。叶わないとはわかっていながらも、今も願わずにはいられません。

枯れかけたハイビスカス

子どもを親より先に逝かせてしまうことが、これほどの苦しみとは想像できませんでした。健康的とは言えないものの、ゴールデンウィークまでは何とかやり遂げ、働き方を考え直そうとしていた矢先の事故で、まだまだ希望に溢れたこれからというときに、航太は私の前から去っていきました。私が助けてあげられた場面はたくさんあったはずです。五年目の命日を迎えますが、毎日毎日一分一秒たりとそのことを考えない時はありません。

息子に何が起こっていたのかを知りたいと、提訴して詳細がわかりました。そして勝利和解となり、私の要求は満たされたかもしれませんが、航太の人生が戻ることはありません。裁判中は苦しさを乗り越えるために、この事件を公にして一人でも若者の命を救うことができたらと願い、自分自身を励ましてきました。

裁判が終わり、一区切りはついたものの、心が癒えることはありません。

航太は、事故の四日前、わが家のベランダにあった枯れかけたハイビスカスの木を剪定してくれました。それからは生き返ったように元気に花をつけてくれています。挿し木や種の採取をして、小さな鉢もいくつか作り、花を咲かせています。一番初めの挿し木は私の背丈ほどに成長しています。もうすぐ航太の背丈にも達することでしょう。とても楽しみにしています。それが唯一の私の慰めとなっています。

航太が剪定したハイビスカス

母　淳子

第5章

支援者たちの輪

みなさまへ

夜分に申しわけありません。

支援する会の名称を「グリーンディスプレイ過労事故死事件　二四歳青年を支援する会」へ変更をお願い申し上げます。

現在私の兄が、死の淵でなんとか頑張っています。医師からの説明があるため、帰省しており、どうしても準備会等に出席できませんでした。大変申しわけありません。心から反省しています。今帰宅したところです。

支援をお願いするチラシを作り、せめて私が不在でもわかるように、させていただいたつもりでした。言葉足らずで申しわけありません。

仮の名称と同じになってしまったことを本日午後知りました。

いつも、仮の名称なのだからと、心の奥にしまい込んで我慢してきました。身近な人には名称を変えて、配布していました。

亡くなった子供の名前を、全面に出すことが、平気な親はこの世にいません。

自分の身に置き換えれば、直ぐに理解出来ると思います。

記者会見や、取材で被告の会社名を出すから、こちらも名前を出してきました。それでも、記事や番組になると相手の会社名はカットされることが多く、取材することもほとんどありません。

しかし、耐え忍んでいます。死んでしまいたいくらい、苦しいです。

きちんと公平に取材する方も中には、いらっしゃいます。それが何よりの救いです。

亡くなってしまった人間の名前だから、軽く考えてしまわれるのでしょうが、私にとっては命より大切な子供の名前です。

支援する会の名称に、どんなに遺族が苦しんでも、亡くなった人の名前を出さなくては、裁判に勝てないのでしょうか？

どのくらい、話し合い、検討を重ね決定されたのでしょうか？経過は知らされていません。遺族の気持ちは関係ないのでしょうか？

もしも、印刷されているものがありましたら、回収いたします。費用も出します。お願いいたします。息子の名前を守りたいです。ネット検索するために、つけた名前でもありません。大事な掛け替えのない、息子の名前を使うことを、数時間の話し合いで決定するのは、あまりにも悲しいです。

支援していただくのだから、私はそれに従うしかないのですか？どうぞ、教えて下さい。

（二〇一五年一〇月二八日メール　渡辺淳子）

遺族の想い

提訴後、裁判を支援する会の準備会が立ち上がり、当初「渡辺航太さん過労事故死事件を支援する会」という名称にすることを予定していました。

裁判で立ち上がった淳子さんの想いに応え、立ち上がった支援する会ですが、当事者としての淳子さんの想いをきちんと受け止めることができなかったため、淳子さんとの間で大きな齟齬が生じた瞬間でした。

支援する会の立ち上げに関わった工藤祥子さんは、過労死遺族で、労災申請や裁判などの困難を先に経験している家族会メンバーで、淳子さんの気持ちをもっとも深く理解できる立場にありました。工藤祥子さんにはたびたび、淳子さんの想いと、支援の人の気持ちが行き違ってしまいそうなとき、それを解きほぐし繋ぎとめてくれました。

工藤さんは、当時のことを次のように語ります。

支援の会議に参加すると、まだ支援する会の立ち上げをしようとしたばかりのころで、初対面の支援団体の方が支援するかどうかの話し合いの会議になっていました。支援者がたくさんいるなかで、淳子さんも圧倒されていたようでした。当事者が目の前にいるのに、支援する、しないという話をしていて、正直イライラしていました。支えてくれる組合や支援団体の方は、力強くて、ありがたいが、時として、遺族の想いとは別方向で進むこともあります。活動ありき、勝ち取るかという感じになってしまうことがあります。また、遺族として気持ちを整理できていないなかで、支援団体として、地に足を付けて、計画を立てて進んでいることに、ギャップを感じることがあります。

遺族がすごく苦しいときに、支援の方が遺族を置き去りにして進んでいってしまうことがあります。支援の方は、みな善意ですが、ここはちょっと待って、という被災者に寄り添うスタンスが必要でした。

このとき、遺族としての淳子さんの気持ちは、自分しかわからないだろうなと思っていました。私が遺族の立場で淳子さんを支援をしないといけないと思い、毎回、支援する会の事務局会議には参加することにしました。淳子さんは支援する方には背中を押してもらうことはできるので、私は淳子さんの心情的な理解者になろうと決めました。私は、淳子さんに、メールで、とにかく私は味方だということを送りました。淳子さんが辛い時は、抱え込まずに、自分の想いを吐き出してもらいました。

支援会の名前を決めるときも、支援する会に航太さんの名前を入れるか議論があり、最終的には、淳子さんの意向を反映して名前を入れないことになりました。

私としては、最初は、淳子さんの代弁者になって、遺族の気持ちを支援の人にわかってもらうということを、中心に話をしていました。

淳子さんにとっても、裁判が進むなかで、家族会という自分の気持ちをもっとも理解してくれるメンバーの集まりは、心の拠り所となっていたようでした。


本日、過労死家族会の総会に出席しました。

先日からのお礼ができ、これからもご協力をお願いしました。

私にできることがあればご協力することも、お伝えしました。

私自身、だいぶん落ち着いてきたと思っていましたが、自己紹介のとき、やはり涙が止まらずいつものように、何を話しているかわからない状況でしたが……

仕方ないです。気持ちは伝わったと思います。

お子さんを亡くされた方が、少数名いらっしゃいました。時間が経っても、私と同じくショック状態のまま、何かやらなくては！というやり場の無いお気持を感じました。

先輩方のお話しは、たくさん参考になることがありました。

ご紹介いただき本当に感謝しています。（二〇一五年七月四日メール　渡辺淳子）

支援する会の結成

第一回裁判期日は、ＰＯＳＳＥや過労死を考える家族会の支援で多数の傍聴者が集まり、裁判所がこの事件に真摯に向き合う姿勢を引き出すことができ、ひとまず成功といえました。しかし、裁判は始まったばかり、これから長い裁判闘争が始まります。過酷な裁判に立ち上がった原告淳子さんをしっかり支えるとともに、この事件を常に社会的に発信し続け、運動面でも裁判所や会社を圧倒する体制を作る必要があると考えていました。また、この事件を通じてＮＰＯワーカーズネットかわさきで試みている「新しい労働運動の形」、地域に根差した社会運動ユニオニズムの実践とし、川崎の地域の労働運動の新境地を切り開きたいという想いもありました。そのためには、全国で活動するＰＯＳＳＥや家族会だけでなく、神奈川・川崎の地域に根差して活動する支援の核となる団体に支援をお願いする必要がありました。そのために、まず声をかけたのが、私が副支部長をしていた日本国民救援会川崎南部支部と、ワーカーズネットかわさきの事務局長で、かつ、川崎労連の事務局長であった長島進一さんでした。また、長く労災事件の支援をしている、働くもの命の健康を守る神奈川センターにも、支援要請をしました。

私からの呼びかけに応えていただき、支援する会は、苦しめられている「その人」を助けたいという一点で、一人ひとりの正義感や高いヒューマニズムの精神から、自主的・自発的に組織されていきました。
その中心を担ったのは、国民救援会川崎南部支部の竹内たみ子さんです。竹内さんは、立ち上げの経緯について、次のように語ります。

支援する会を作るためにはどうすればいいか、団体と中心メンバーを集めるため、関係者が集まってくれました。さっそく相談会を持ち、二〇一五年一二月一一日に結成総会の運びとなり、救援会支部事務局次長の私・竹内たみ子が支援する会事務局長に選出されました。国民救援会川崎南部支部は、前年の六月に再建されたばかりで、裁判支援など初めてのことでした。何をどうしてよいのやら、わからぬままのスタートでした。

こう書いている竹内さんでしたが、のちに年の近い淳子さんと姉妹のように仲良くなり、支え合い、二人で一緒に、あるときは分担しながら、各地へ事件支援の要請へ駆けまわっていき、支援する会の中核を名実共に担いました。
支援する会の結成の一か月前、淳子さんがその思いを支援する会の準備会のメンバーに送っています。

皆様

いつもお世話になります。

ご支援をいただき、大変感謝しております。

母親として、勇気を振り絞り踏み出したものの、不安と緊張の連続で心がすり減る思いです。

しかし皆様の後押し、ご支援で強い心で、前へ進めます。

息子は戻ってはきません。

そして現状は、若年層の過労死が増えています。

絶対にあってはならない。

そんな社会は誰にとっても、不幸だと思います。

どうぞ、皆様のお力と共に、社会に訴え、考えていただける機会ができたら、良い社会に近づけるはずだと、信じております。

どうぞ、明日もよろしくお願い申し上げます。（二〇一五年一一月二五日メール　渡辺淳子）

支援する会の規約では、準備会で議論をした結果、第二条「【目的】本会の目的は、若者の過労死をなくすことを目指し、渡辺航太さんの過労事故死裁判を勝訴することを目的とする。」としました。

この裁判は、仮に完全勝訴することができても、原告淳子さんのもっとも求めていること、「航太さんが我が家に戻ってきて当たり前の日常を取り戻す」ことはできません。その意味では、この裁判、そして支援は、もっとも願っていることを勝ち取ることはできないのです。しかし、裁判を勝つことによって、若者の過労死をなくすための社会に近づけることはできるはず。その想いで、支援する会は結成されました。

ＮＰＯ法人ＰＯＳＳＥ、家族会、国民救援会、神奈川労連・川崎労連、働くものの命と健康を守る神奈川センターを中心に、提訴から八か月後の二〇一五年一二月、「グリーンディスプレイ青年過労事故死事件を支援する会」を結成しました。会の共同代表は、堀内静夫さん（働くもののいのちと健康をまもる神奈川センター会長・医師）、中原のり子さん（東京過労死家族の会代表）、藪治さん（神奈川県労働組合総連合）、坂倉昇平さん（ＮＰＯ法人ＰＯＳＳＥ）、そして事務局長竹内たみ子さん（日本国民救援会川崎南部支部）で、多様な団体が支援の中心を担いました。

支援する会結成総会後、淳子さんから、メールをもらっています。支援する会のメンバーのなかで、航太さんの姿が見えてきたようです。

川岸卓哉　様

大変お世話になります。

もう御用納めされているとおもいますが、年明けに読んでいただければと思います。

昨年中はいろいろとお世話になりました。

支援する結成総会は、松丸先生のお話に勇気づけられました。そしてたくさんの方々が支援して下さり、感謝の気持ちでいっぱいになりました。その後三日間くらい、ぼんやりとしてしまいました。自分ではわかりませんが、一生懸命お話したと思います。エネルギー切れになったのでしょうね。

その後の懇親会でしたか、どなたかが「航太くんのお母さん！」と呼びかけてくださり、久しぶりに凍りついた心が溶けた気がしました。皆様の想像のなかで、航太が蘇っているのかな？　たしかに存在していると、思ってしまいましたね。（二〇一五年一二月二九日メール　渡辺淳子）

淳子さんのメールに出てきた「松丸先生」とは、過労死弁護団共同代表の松丸正弁護士です。新聞報道を見たことがきっかけで大阪から電話で連絡をいただきました。

過労死問題の開拓者　松丸正弁護士の加入

二〇一五年一一月、新聞記事をみた松丸正弁護士から電話がありました。松丸弁護士は、過労死弁護団全国連絡会議代表幹事をされている、過労死問題の黎明期から道を切り開いてきた第一人者です。しかも、私たちが通勤帰宅途上の過労事故死裁判の唯一の先例として、手掛かりにしていた鳥取大学医学部付属病院事件を担当されていました。松丸弁護士からは、手弁当での裁判事件の支援の申し入れを受け、弁護団に加わっていただくことになりました。

二〇一五年一二月の支援する会設立総会では、松丸弁護士に、この過労死事件の出会いと、過労事故死事件を闘う意義について語ってもらったことは、私たちにこの裁判を闘う意義を深く理解することができました。

松丸弁護士は、記念講演でこう語りました。

・過労死問題とは

一九八一年七月に「急性死等労災認定連絡会」発足した当時、「急性死等」と言われ、過労死の言葉は定着していませんでした。また、労災認定も、まだ、狭い救済の門戸の時代でした。当時、果たして、「過労死」は、労働現場の一般性・普遍性をもった課題なのかとの疑問とされていました。しかし、過労死問題は、労災認定から、企業賠償責任追及、さらには過労死防止へと進んでいくなかで、過労死とは、労働現場の特殊・個別ではなく、一般・普遍の問題であること、労働問題だけでなく、家庭そして働く者の生き方の問題であることが明らかになっていきました。

過労死問題を、自分の会社、そして自分の問題として考えることの大切です。「鳥かごのカナ

リア」の問題としての過労死がそこにあります。

・過労死はなぜ生じるのか

過労死が生じる原因として、三点が指摘できます。

第一に、会社の門前には「労基法立入るべからず」の立札があり、労働基準法の常識が会社にとって非常識とされ、労働者の命・健康を守る最低限の法律が無視・軽視されていしまっています。

第二に、会社と労働組合等の従業員代表の間で、過労死ラインを超える時間外労働を認めるいわゆる三六協定が締結され、さらに特別条項による労働時間の「液状化」がおきています。本来労働者の命を守るべき立場にある労働組合も加担した労使合意が生み出す長時間労働により、過労死が生じています。

第三に、労働時間が正確に管理されていない現状があります。労働時間の適正把握なくして過労死防止はありません。労働時間の適正把握のない下で労働基準法の労働時間規制は死んでしまいます。労働時間の適正把握なくして社内のコンプライアンス（法令遵守）体制は機能しません。

これら三点が温床となり、日本社会が過労死を生み出し続けているのです。

・過労死事件のなかでの渡辺航太さんの死とは

トラック運転手の過労運転事故についての損害賠償請求事件については、平成に入ってから責任追及されてきました。例えば、サカイ引越センター事件（大阪地裁平成五年一月二八日判決）は二九歳の運転手の居眠り運転による過労運転事故死、御船運輸事件（大阪高裁平成一五年一一月二七日判決）は、四四歳の運転手の前方不注視による過労運転事故死、協和エンタープライズほか事件（東京地裁平成一八年四月二六日判決）は三一歳の運転手の注意力散漫・緊張低下状態による過労運転事故死であり、いずれの判決も、過労状態による居眠りや注意力散漫の結果生じた事故についての使用者の責任を認めています。トラック運転手やバス運転手の過労運転事故死については使用者の安全配慮義務を認める判決が確立しています。

今回の先例となる鳥取大学医学部大学院生の医師の過労運転死は、徹夜勤務後の関連病院へ通勤途上の国道で、センターラインオーバーでのトラックとの正面衝突での死亡事故でした。ご父母は、センターラインオーバーする不注意は息子は絶対しないという思いで、真相究明のために裁判に進みました。そのなかで、被害者が、大学院生として授業料を支払いながらの、時間外労働が月一〇〇時間を超える医師としての勤務と、直前の二四時間の「断眠」があることが明らかになりました。そして、ガンに冒された父の命がけの証言と、死後に届いた勝利判決。その確かな歩みが、今回の事件の手がかりとなっています。

講演で、最後に過労死、そして過労運転事故死の遺族が描いてきた「道」について、中国の文学者魯迅の言葉を引用します。

——

希望とは道のようなもの。多くの人が歩くから道が拓ける。

——

私たちは、松丸弁護士や、過労死遺族の方々が歩いてきた道を、辿ることを決意しました。

「科学は労働者の味方」　佐々木司先生の鑑定書

今回の事故原因の究明には、科学的知見の裏付けが不可欠でした。そこで、松丸正弁護士の紹介で、公益財団法人大原記念労働科学研究所上席主任研究員であった佐々木司先生に、労働科学的知見の観点からの鑑定意見書を依頼しました。裁判との関わりを持ちたがらない研究者が多いなかで、佐々木先生は、睡眠衛生学の専門家で、他の事件の鑑定意見書も積極的に書いている研究者です。

佐々木先生は、科学者であるとともに、徹底した現場主義の人でした。意見書を書く前提として、佐々木先生の申し出で、横浜ベースから、事故現場まで、航太さんがバイクで通った道を実際に辿ってみることになりました。

佐々木先生は、現地調査の意義について、こう述べています。

松丸正弁護士、川岸弁護士の連名で筆者に意見書の依頼が来たのは二〇一六年一月一八日のことでした。私は、決まって過労死・過労自死、そして過労障害事件の意見書を書く場合には、資料を見た後に、かならずご本人が存命の場合はご本人に、亡くなられている場合はご家族に、そして「過労事故」の場合は、必ず現場に行くことにしています。科学的ではないと言われてしまいますが、現場には、心に突き刺さる何かを感じるからです。

この再現実験には、松丸弁護士、支援する会事務長の竹内たみ子さん、私、メディア関係者、そして淳子さんも同席しました。淳子さんにとっては、これまで避けてきた初めての事故現場へいくことなりました。車に乗って航太さんの職場から帰宅経路の軌道を辿り、事故現場、航太さんがぶつかった電柱に着きました。「死亡事故発生現場　注意　麻生警察署」との立て看板が立っていました。その場で泣き崩れる淳子さんがいました。

佐々木先生は、事故現場の状況、そして淳子さんの陳述書を詳細に分析し、鑑定意見書を仕上げていただきました。鑑定意見書では、「睡眠関連自動車事故」の概念を提示し、本件事故がこの定義に当てはまることを認定。そのうえで、疲労によって起きているときに睡眠が生じることとの科学メカニズムを前提に、航太さんの事故前の長時間労働・深夜不規則労働の状況を詳細に分析し、事故が疲労蓄積による強い睡眠欲求が原因で生じた一瞬の「マイクロスリープ」によるものであることを明らかにしました。この鑑定意見書が、裁判所の事実認定を支えたことは間違いありません。
和解解決後に、佐々木先生が寄せたメッセージに、佐々木先生の科学者としての信念が表れています。

「最近、「睡眠負債」という言葉が流行しているが、これは西野博士の著書の中で引用された米国のヴァン・ドンジェン博士のエビデンスによる。彼はＮＨＫの番組にも登場し、「六時間睡眠を一四日間続けた時の作業能率が、二晩徹夜した時と同じになる。しかも自分では、その能率低下を意識できない。」と述べた。この「睡眠負債」が社会的認知を得た背景には、ふだん何気なくとっている六時間という睡眠時間にも問題があることへの新鮮さが、現代社会に受け入れられたものであろう。しかし博士の研究結果は、二〇〇三年のものだから、この科学的知見が認知されるには、一五年もかかったことになる。

時間の問題だけでない。科学的な研究成果が社会的に認知される時には、大きな事件をともなう。たとえば、睡眠中に息が止まる睡眠時無呼吸症候群という病気は、二〇〇三年二月二六日の新幹線オーバーラン事故という安全を揺がす事件が契機だった。さらには、今回の過労性の交通事故、つまり「過労事故死」は、将来有望な若者の尊い命をも失って、世間が知ることになった。そもそも科学的な成果が、社会的認知を受けるのに時間がかかるとか、大きな事件をともなうことがあったとしても、誰かの命の犠牲によって認知されるということは、決してあってはならない。

そのためには、私のような科学者は、常に科学的知見を社会に問うことが役割だろうし、また働く者は、ワークルールとともに科学的知見を味方につけること、さらには働く者の支援者は、科学者と連携し、社会運動に科学的知見を積極的に取り込んでいくことが必要だ。筆者が言うのも何だが、科学者の誰もが労働者の味方とは言えないが、科学は、必ず労働者の味方になり得るからである。

メディアの支援

この事件を支えたのは、支援する会を中心とした支援者だけではありません。淳子さんの訴えは、報道関係者の心も揺さぶり、テレビ、新聞、ネットニュースの他、男性誌「POPEYE」や女誌「週刊女性」等、多くのメディアに精力的にニュースとして配信されました。さらに、日本国内のメディアのみならず、ドイツ国営放送、英国のロイター通信、二米国CNN取材もうけるなど、海外の有力メディアからの取材も続いていました。

提訴直後に最初に特集記事を組んでくれた、当時神奈川新聞川崎支局に勤めていた佐藤将人記者は、以前、過労死家族会の工藤祥子さんの教師の夫の過労死で連載を担当し、過労死問題についても理解の深い、実力のある記者でした。彼の書いた記事は、航太さんの事件において帰宅途上の過労事故死にも、会社の安全配慮義務を労働者に及ばせることが重要であることを鋭く指摘しています。

会社から帰宅途中の交通事故は過労死と認められるか――。横浜地裁川崎支部で審理されている過労裁判の行方に、関係者の関心が集まっている。……同様の裁判で過去に過労と事故の因果関係が認められたのは全国で一例のみといい、立証されれば企業の安全配慮義務をめぐる責任の在り方にも影響が広がりそうだ。……原告代理人の川岸卓哉弁護士は、「過労や不規則労働の末の交通事故は潜在的に多い。会社側の安全配慮義務がそこまで及ぶことが立証できれば、今後の労働環境整備にもつながるはず」と話している。（神奈川新聞二〇一六年三月三一日朝刊記事）

神奈川新聞は、地域新聞として、神奈川県内の官公庁でもっとも読まれているスタンダード誌です。それは、裁判所も例外ではありません。実際、この記事は、裁判の最終局面で、原告側からは証拠提出していなかったにもかかわらず、裁判所が自ら記事を和解勧告文で引用をし、この事件の意義を裁判所が裏付けることになります。つまり、この事件を担当していた裁判官も、この新聞記事を読み、事件の意義を理解し、自ら残していたということになります。

メディアでの報道を得ることは、支援者、会社、裁判官、そして社会にこの事件の重大な意義を知らせ続けるとともに、新しい「過労事故死」が社会的に許容されないという「新しい常識」、社会規範を形成するのに非常に重要な役割がありました。とりわけ裁判所は、社会の条理・常識＝社会的正義がどこにあるかを探求し、それに従った判決を示すことが職責だからです。

他にも、熱心に毎回裁判期日にきて、丁寧な取材を重ねてくれる記者がいました。朝日新聞経済部の牧内昇平記者です。朝日新聞の牧内記者は、事件中に、求人詐欺問題、過労事故問題それぞれの側面について紙面上の特集を掲載しています。牧内記者は、過労死問題について特別の思い入れをもって、他の過労死事件も取材を重ね、二〇一九年『過労死―その仕事、命より大切ですか』という本を出版しています。そこには、グリーンディスプレイ事件にも一章が割かれ、紹介されています。本の「あとがき」には、過労死問題を追ってきた牧内記者の気持ちが書かれています。

脳や心臓の病気による過労死も、心の病による自死も、どちらも非業の死です。亡くなった人の肉声を聞くことはできませんが、幸いにも私は新聞記者で、遺族や友人、同僚たちに取材を申し込むことができます。その利点を生かし、人生を途中で断ち切られた人の心に、一歩でも近づきたい。それを文章に残すことで、私なりに彼らを弔いたい。そうした気持ちがありました。……気持ちを奮い立たせてくれたのが、取材させてもらった遺族たちの存在です。大切

な人を失った記憶を記者に語るのは、とてもつらいことだと察します。あえて語る理由を一言で表現するならば、「世の中に実態を知ってほしい」ということではないでしょうか。遺族にそこまでさせておいて、わたしが逃げるわけにはいかない。そう思って、不得要領ながら原稿を書き続けました。（牧内昇平『過労死―その仕事、命より大切ですか』ポプラ社「あとがき」より）

また、しんぶん赤旗の下元怜美・小玉哲也記者も、毎回裁判期日に取材に来てくれました。しんぶん赤旗には、毎回の期日のやりとりが掲載され、傍聴に来れない支援者に事件を知らせました。

報道されることは、常に社会や法廷外と人々とつながっていることを実感し、当事者や支援者を心強くさせてきました。提訴後から多くの取材を受けてきた淳子さんにとっても、取材は苦しいものでしたが、記者との対話は、自らの気持ちを整理し、社会に目を向けさせる過程であったように思います。

提訴直後の二〇一五年六月、赤旗下元記者の取材を受けたあと、淳子さんは、私に対して、仕上がった記事についてメールでこう気持ちを打ち明けてくれています（しんぶん赤旗二〇一五年六月一七日記事）。

川岸卓哉　様

原稿を読ませていただきました。私の気持ちがきちんと書かれています。ありがとうございます。

最初のころ、取材は涙がでるだけで苦しかったです。段々お話しする度に正直な気持ちが、整理される気がします。（慣れることはありませんが……）

同じような立場の方の命を救う！労働問題を少しで正しい方向へ！という思いはもちろんありますが、どのようにしたら良いかわからない。私には荷が重すぎます。

今私は航太から、おかしなことは、直す努力をしたほうがいいと思うよ。という宿題を与えられたと考えています。

辛いことですが、実名や顔を公表し、母親の気持ちを訴えています。「どこかの誰かの話し」じゃなく、現実の出来事として浸透してくれて、他人事ではないと気づいてくれたら……

宿題はできたはずです。

「私があの世に逝ったとき、航太とハイタッチをして喜びます！」と話し、彼女は「ホントそうですね」と、ニッコリ笑顔でした。私と航太がハイタッチをしている様子が見えたのでしょうかね。文章の最後にいれてくれて、とても嬉しいです。（二〇一五年八月一七日メール　渡辺淳子）

そして、メディア報道は、この事件を広く社会に知らしめ、新たな協力者を事件へ導きます。さきほどの松丸正弁護士からの電話も、新聞報道を見たことがきっかけだったことは前述したとおりです。

淳子さんと支援者を結んだ詩

当初は、淳子さんに対して、支援する会のメンバーは、気遣いながらも、距離を測りながら接していた面があったと思います。このうち、家族会のメンバーだけが、その心情を本当に理解できる立場にありました。しかし、他の支援する会のメンバーも、徐々に淳子さんの気持ちを自分のことのように理解し、支援の力にかえていくようになりました。

支援にあたっては、当時者の思いを大事にし、その思いを支援者が共有し、当事者を励ますことがとても大切です。そして、「すべての事件が当事者にとっては人生をかけたたたかいである」ということを深く理解し、取り組むことが大切です。

当事者・遺族は、耐えがたい負担を負わされ、ときには社会から排除されます。そのような当事者・家族の訴えを受け止め、寄り添うことが、何よりも当事者・遺族の励ましになります。

国民救援会神奈川県本部事務局長の田戸俊英さんが、一度、淳子さんの想いに触れ、メールで詩を送ったことがありました。

渡辺　様

先日の朝、大きなショーウインドウのある店の前を通ったら、その中でディスプレイの設定をしていた青年二人が働いているのを見かけました。

まだ、開店前なのでショーウインドウの中は蒸し暑かったようで二人は汗をぬぐいながら働いていました。

それを見て、私は航太さんの事を思い浮かべ、しばらくそこに立ちすくんでしまいました。

そしてなぜか悲しみが込み上げて、そこを離れてからもずっと泣いてしまいました。

その時に詩を作りました。

渡辺さんはこのような文書を読むのはつらいでしょうし、心をかき乱すことになり、またこういう書き方をするのは、大変失礼なことかもしれません。

でも、私はその時に考えたのです。あまりにも、航太さんの事を知らな過ぎたと。

「ブラック企業だ、過労死だ、求人詐欺だ」ということで、救援会としてすぐに支援を決定しましたが、人の命というもっと深いところで理解すべきだったと反省したのです。

航太さんの無念さとお母さんの悲しみを共有しなければならない、もっともっと航太さんとその仕事のことなどを知らなければならないと思ったのです。

それを共有できてこそ、裁判官に伝わる運動ができるのだと思うようになりました。

＊＊＊

生きたかった

ああ、航太はこうして働いていたんだ
ああ、航太はこうして命を失ったんだ

航太の好きな飾りつけ
航太の好きな緑に囲まれ
時間に追われながら
眠い目をこすりながら
航太はこうして働いていたんだ

大きなデパートの白いキャンパスに
自由に絵を描くように
何もない荒野に
自分の夢見た設計図を広げるように

航太はこうして働いていたんだ
命を燃やして働いていたんだ

そんな航太が逝ってしまった
なんで、なんで、なんでなんだよ
言っておくれ航太
話しておくれ航太
お前の無念さを
声をふりしぼって叫んでおくれ
生きたかったと

＊＊＊

支援する会のメンバーは、淳子さんの支援をするなかで、少しずつ理解をし、近づいていきました。

三者が一体となって

支援する会には、経験豊富な人が集まりました。裁判や運動の進め方には、いろいろな意見がありました。事務局会議で、しっかりと意見を出し合い、決めたことを基本としてやってきました。

支援する会事務局長を担った竹内たみ子さんの言葉です。

原告である淳子さん、弁護団、支援する会の三者が一体となって運動を進める立場を、徹底してたたかいました。淳子さんの思いに寄り添い、支える立場を何よりも大事にしてきました。法廷内のたたかいと法廷外のたたかいの「団結」なくして勝利はありません。「団結」をすることとは、単に仲が良いというだけにとどまらず、団結を築くための意識的な努力が求められました。

「支援する会」事務局会議を定期的に開催し、裁判の到達と局面評価、運動を進める課題について、意見を一致させて粘り強く運動を進めてきました。

支援する会は、国民救援会のメンバーが中心的な役割を担いました。支援する会の事務局として、常に細やかに連絡を取り合い、裁判の局面ごとに慎重に情勢を分析し、行動を示してきました。また、川崎南部支部前事務局長の岡英男さんは、自ら国鉄労働者として裁判を長く闘った経験を伝え、岡さんが家庭の事情で京都へ居を移すことになってからは、支部長の本荘洋彦さんも支援する会の中心に加わり、運動の方向性を示してきました。

共同代表や事務局メンバーも、裁判支援に初めてとりくむ人が多いなかで、意見を一致させるための努力と決めたことをやりぬく努力を貫いたことが大事であったと思います。そのような議論と運動を重ねて「なんとしてでも勝利するのだ」と腹の底から決意と団結を固め合ってきました。

継続した支援運動をすすめるためには、会員を増やし、会費や募金など組織と財政を確立することも重要でした。とくに財政を軽視しては運動を発展させることはできません。「支援する会」の会員は、一八〇人で、一〇団体の加入をはじめ、たくさんの力をいただきました。また、一番裁判傍聴に来てくれたのは、ＰＯＳＳＥの仲間たちでした。そして、家族の会の存在も大きかったようです。竹内たみ子さんも次のように述べられていました。

航太さんと同世代の人たちが毎回裁判傍聴にきて、普通の裁判傍聴とは全然雰囲気が違いました。ＰＯＳＳＥは、若者支援の観点から、求人詐欺の問題として、航太さんの事件をとらえていて、学ぶことはたくさんありました。特別な役割を果たしていました。

家族会の存在も大きかったと思います。淳子さんは、家族会のみなさんに本当に励まされま

した。家族会の人たちは、地道なたたかいを、全国的に展開をしていましたので、私たちも家族の会の人たちに育てられてきました。事務的なこと、お金の問題など。ご主人やお子さんを亡くして、ここまでできるのはすごいと思っていました。私自身、家族会の人との交流にとても励まされていました。

多様な方が支援に加わっていただいたおかげで、傍聴席は、いつも満杯近くに埋まっていました。そのことは、お母さんの励みになったと思います。駅頭でも街頭宣伝をよくやりました。いつも思い出すのですけど、今となっては考えられないくらい、よくあんなに頑張れたと思います。それだけ必死になっていました。いろんな所に行ったので、淳子さんの想いが乗り移ったのかもしれません。みんなにも乗り移ったのかも。最後は、裁判長にも乗り移ったのではないでしょうか。

「もの言わぬ弁護団」

私は、裁判後の報告集会で「傍聴人はもの言わぬ弁護団だ」と訴えました。いかに傍聴席を満員にすることが、この事件が社会的な問題だと、裁判官につたえることが重要であるかが、私の支援からの経験です。

働くものの命と健康を守る神奈川センターの顧問の竹中博美さんは、長い間労災事件の支援を裁判期日後の支援する会での発言をこう振り返ります。

竹中さんの言葉のとおり、支援する会は、裁判傍聴を重視しました。

裁判傍聴者は「もの言わぬ弁護団」であり、毎回の法廷を満席にする努力をしてきました。憲法は、主権者である国民が裁判を監視し、公正に裁判がおこなわれるように、「公開の裁判」の原則（憲法三七条一項、八二条）を定めています。裁判傍聴の意義は、第一に、裁判が公正に行われているかどうかを監視することです。第二に、事件の当時者や弁護士の主張、裁判官の姿勢・訴訟指揮を直接見分することで、事件の真実や裁判の現状を知り、理解することです。また、支援者が傍聴することは、事件当時者、弁護士を励まします。多くの支援者が傍聴することは、弁護人と同様に裁判官に公正な裁判を迫る役割を果たします。そのため、傍聴人は、「もの言わぬ弁護団」と言われるのです。

支援する会は、傍聴を呼びかけるために工夫と努力を行ってきました。まず、案内ビラやはがき、傍聴参加の要請書などで、広く傍聴参加を呼びかけました。また、裁判の当日は、毎回原告の提出した書面の要約を、法廷で弁護士が読み上げて意見陳述をし、裁判を理解して傍聴できるようにしました。

裁判終了後は、報告集会を行い、その日の裁判の内容について確認をし、理解を深めるために、弁護士からの解説や参加者からの質疑を受ける場を必ず設けました。また、報告集会では、共同代表などが順番に学ぶテーマを提供して勉強会も行い、事件の背景についての理解も深めました。

支援する会事務局のメンバーで、川崎労連事務局長の長島進一さんは、報告集会で学ぶ意義について、振り返ります。

報告集会では、毎回、裁判の争点や、問題点を整理して、みんなで学んでいました。さらに、佐々木司先生の意見書や、松丸正先生の過労死事件の学習会など局面での重要なテーマで学習会も行い、問題を深めていきました。さらに、求人詐欺の問題も、一つひとつ問題点を分析し、明らかにしていきました。今回の支援では、運動的にも、理論的にも、学びながら、明らかにして、伝えることを徹底していました。だから、学習と運動が連動することができました。救援会や各組織で、支援が全国的に広がっていったのも、伝えることも明確にしたことで、共感が広がり、署名も集まったのではないかと思います。

そして、報告集会の最後には毎回必ず、原告として淳子さんの思いを語ってもらいました。このことは、報告集会の参加者が淳子さんの想い心を打たれ、あらためて支援を尽くす決意を強める機会となっていました。

さらに、現地調査も行いました。「百聞は一見にしかず」と言われるように、事件の現場に直接足を運び調査する現地調査は、事件の真実を理解するうえでとても大切な活動と位置付けました。現地調査の目的は、原告の主張が本当なのかを、参加者が実際に自分の目と耳、足で確かめることです。そのことによって、実感を持って事件の真実を理解することができます。現地調査の参加者がその後の支援運動の先頭に立って奮闘するなど、大きな役割を果たしました。現地調査にあたっては、参加者が理解しやすいように、警察の実況見分調書をつかって、事故状況を再現するようにしました。

働くものの命と健康を守る神奈川センター事務局長の蓮池幸雄さんは支援する会の活動について、こう振り返ります。

支援する会としては、裁判傍聴、裁判後の報告集会や、現地調査などで、熱心に勤務、通勤の実態など把握し、克明に調べました。そして、学んだことを、チラシなどで可視化していき、法廷外の運動のなかで、誰でも起こりうる身近な事件であると訴えき、いろいろな団体にも支援を広める呼びかけをしていきました。裁判でわかったことを、もっと外に明らかにしていくということが、支援と世論の広がりとすることに成功していました。

「法廷外の傍聴人」

署名活動は、支援する会として、傍聴支援とともに、もっとも力を入れていた活動でした。「公正な裁判」を求める署名運動に大きな力を注ぎ、署名は二年あまりで全県・全国に一万五七三三筆に広がりました。

署名は、支援を広げ、その声を見えるものにして裁判官に届けるもっとも大きな力になります。署名運動は、憲法で保障された請願権に基づく大切な運動です。戦前は裁判所への請願は禁じられていましたが、長年にわたる国民の運動で、戦後憲法によって国民の権利として確立しました。傍聴席には限りがあり、また裁判所になかなか足が運べない人もいます。しかし、署名には限りがありません。いつでも、どこでも、誰でも取り組むことが可能です。そして、傍聴と同様に、署名は多くの人がこの裁判に関心を持ち、公正な裁判を求めていることを、裁判官に伝えます。その意味で署名は「法廷外の傍聴人」と呼ばれます。

署名用紙は、裁判官を説得する要請文であり、同時に、市民に事件の真実を知らせる文書でもあります。署名運動は市民の賛同や共感、「良心」を集める運動です。

戦後最大の冤罪事件と呼ばれる松川事件で無罪判決を出した門田實裁判長は、多くの署名が届けられたことを踏まえて「裁判は国民の信頼によって守られる。裁判官の威信も裁判が国民に信頼されて初めて保たれる。だから我々は国民の批判にも耐えうるような判決文を書くように努力したのである」と述べられています。

集まった署名は、二〇一七年七月からは、航太さんの月命日である二四日を、「月命日要請行動」として、六か月連続で一〇〇〇筆前後の署名を積み上げて裁判所への要請行動を展開してきました。裁判官に直接要請するのは困難ですが、対応した書記官など裁判所職員を説得し、理解してもらおうとの構えでいきました。裁判所内で、事件に対する理解を広げることは、そこで働く裁判官にも必ず伝わるからです。

全国から届く一人ひとりの署名が、支援する会のメンバー、弁護団を励ましてきました。署名が一筆一筆と積み重なっていくなかで、淳子さんも勇気づけられていきました。

たくさん署名を募っていただき感謝申し上げます。

たくさんの方々のお陰で、もうすぐ一万筆ですね。竹内様、中原様、工藤様、皆様ありがとうございます。

一万人の方々の署名ですよね。航太もびっくりしていることでしょう。裁判官に、この重みを！願いを！　ずっしりと感じていただけると信じています。

正直、二年前の厚労省記者クラブでの提訴の記者発表でもう力尽きていました。一寸先も見通すことができず闇そのものでした。おそるおそる、一歩一歩積み重ねて振り向くと、すごい

風景が見えます。

今も手探りではありますが、気を引き締めてまだまだ前進しなければ！

皆様が背中を力一杯押してくださることで、できることです。

日本の働き方、働かせ方は間違っています。少しでも心の奥に響く、そんな意味のある裁判になることを望みます。

とくに若い人たちが、苦しむ姿はみたくありません。愛しく、大切な大切な希望であるはずです。

今後とも、よろしくお願い致します。（二〇一七年五月一日メール　渡辺淳子）

二〇一七年六月には、一万筆を達成しました。そのときも、淳子さんは、その思いを支援する会宛てのメールで送っています。

竹内　様
お世話になります。
すごいですね！やりましたね！
一万筆に達成した瞬間の、竹内様の笑顔が想像できます。

署名のすべてを任せっぱなしで、申し訳なく思う気持ちと、感謝でいっぱいです。

ありがとうございます。みなさまのお蔭です。

今日は救援会新聞の取材をお受けしました。

最近は航太の人柄や二四歳までの人生を聞かれることが多くなった気がします。

今日もそうでした。記者さんのお気持ちでしょうか。

今までは思い出すことが辛く苦しくて、話せませんでした。

しかし最近は、忘れるよりも辛く苦しいほうが、何倍も幸せだと思うようになりました。

矛盾していますが、多くの遺族の気持ちだと思います。

お話しするたびに、人々の心の中に「コウタ」が育っていくようにも感じます。

おそらく、支援会のみなさまの心の中にも、会ったこともない「コウタ」が居るはずです。

署名してくださった多くの方々の中にも……

図々しい考え方ですが、「航太の人生は終わらない！皆さんと生きているんだ！」と思うことにしています。

それでは、二万筆に向かって努力していきますね！

どうぞこれからも、よろしくお願い致します。（二〇一七年六月一日メール　渡辺淳子）

みんなで登る。険しいけど大きく美しい「航太山《こうたさん》」

淳子さんと、支援する会のメンバーは、常に議論をし、試行錯誤をし、署名集めを協力し、共に進む関係を作っていきました。裁判が進むについて、その関係は深まっていきました。この関係を、長島さんはこう語っています。

裁判所に対する行動も、毎回議論をしていました。運動としてかなり試行錯誤をしながら、実のある運動をやっていきました。運動で中心に参加している人たちも、あまり慣れた人ではなく、ちょっとしたことだけでも、議論をして作り上げていった。当事者のお母さんも、置いてきぼりになりがちで、気持ち的には、運動という観点からあるときはズレることもあったが、うまく励まし合いながら、一緒に作っていきました。あるとき、お母さんが、裁判の終局面で、裁判を山に例え、「頂上はどのような景色が見えるのでしょうか。その景色を見てみたいと思います。みんなで登って行きたいです。」と話したことがあった。まさにそんな支援でした。

長島さんが述べられた淳子さんの発言は、支援する会が正式に発足してから一年が経過した、第二回総会後のメールにあります。

皆様へ

「グリーンディスプレイ青年過労事故死事件を支援する会」第二回総会一二月一七日に開催され、心からお礼を申し上げます。

皆様の大切なお時間を支援に費やし、私の訴えに耳を傾けていただき、いつも寄り添う支援に感謝いたします。

今年は仕事を休んだこともあり、精神的な引きこもりは変わらないものの、なんとか自分の身を人目にさらすことで、何か別の景色が見えるのではないかと、もう一度勇気を振り絞り発言など積極的に挑みました。そこで見えてきたものがあります……

息子が理不尽な死を遂げた時「これで良いの？おかしい！このまま我慢して見過ごしていいの？こんな社会でいいの？」と湧き上がるものがありました。しかし、私の目前には天よりも高い壁があるようで、それも倒れてきそうで潰されそうな気分でした。

川岸先生と出会うことができ、支援会の方々に助けられ、目の前にあるのは壁ではなく、大きな大きな山であることがわかり始めました。あまりにも大きな山であり、もし登りきれたとしたら社会が変わってしまうことを認識しました。得体の知れない恐怖心で、パニックに陥ることもありました。

この度見えてきたのは、それは険しいけれど大きく美しい山の姿でした。

「まだ、誰も登ったことのない山の頂上からの景色を見せてあげたい！」というのが、支援会の方々の思いであることもわかりました。

「航太は戻せないけれど、その景色を見るための支援は惜しまないよ！」との、お気持ちが強く伝わってきます。

勝つことができれば、過労事故死対策への道も開け、多くの人が救われます。その可能性がたとえ少なくても、大きく美しい山に登る甲斐はあると感じました。後悔のないよう、これからも勇気を出して前を向いていきます。皆様とその景色を見られることを切望します。

今後とも、どうぞ宜しくお願いいたします。

＊＊私の心の中では、やはり航太は戻ってくると思います。何一つ悪くない息子が、親より先に死ぬなんて。社会が良くなり、ダメな母親が反省し、もっともっと努力すれば、きっと「奇跡」がおこると信じます。こんな母親を幸せにしてくれるという奇跡をたくさん起こしてくれた息子ですから！確信できます。総会の翌日から二日間は、涙が止まらずそのことばかり考えていましたが、やはり私の思いは変わりません。いつの日か航太に逢えるのを楽しみにしていたいと思います。＊＊

少し暖かいようですが、朝晩大変冷え込みます。

どうか皆様、風邪など引かれませんようご自愛ください。
そして、良いお年をお迎え下さい。（二〇一六年一二月二一日メール　渡辺淳子）

この淳子さんのメールに対して、支援する会のメンバーの田戸さんと、竹内たみ子さんが、それぞれ返信をしました。

皆様

第二回総会、お疲れさまでした。救援会の田戸です。

渡辺淳子　様

今の心境のメール拝読しました。原告のこの熱意、意気込みが弁護士や支援者を奮い立たせるのだなと思いました。

夫を過労死で失った方が「自分は、小さい子どもが居て、この子のために頑張らなければと思ってたたかえたがお子さんを亡くされた方は、生きがいを失ってどんなに虚しくつらいことだろうと思う」と話しているのを聞いたことがあります。

それで、思い出したのが永六輔さんの詩です。これは今年加藤登紀子さんが曲をつけて歌っています。この詩は渡辺さんにぴったりだなと思いました（こんなものではないのかもしれませんが）。

淋しさには耐えられる
悲しみにも耐えてみよう
苦しさにも耐えてみた。
耐えてみたんだ
でも耐えられない
この虚しさ
空しさが耐えられるのは
ともだち　あなた　戦う心
（永　六輔「ともだち　あなた　戦う心」より）

ここにある
「ともだち」は支援者
「あなた」は航太さん

そして、「虚しさが耐えられるのは」裁判や社会に訴えて闘うこと――今の渡辺さんの姿
渡辺さん、勝手に想像してわかったようなこと言ってすみません。（二〇一六年一二月二二日メール　田戸俊英）

渡辺淳子　様

大変な一年だったと思います。私も、何をどうしたらという所から始まり、皆さんのお力で、なんとかやってきました。お母さんの頑張りが、私たちを励まし、力になってきたと思います。

国労うたごえで、詩を朗読してくれた岡本明男さんから、総会の感想をメールでいただいたので、淳子さんのメール内容を伝えたところ、こんなメールが、返ってきました。

「お母さんの想像できない悲しみ、怒りを感じました。人への愛情、そして、もちろん母の愛情は、どんなものにも負けない強さ、そして暖かさで迫ってきます。愛の力に確信して歩いてきたし、これからも歩いて行く強い意志を読み取りました」

私も、同感です、一緒に頑張っていきましょう。たくさん食べて、風邪などひかぬよう、ご自愛ください。（二〇一六年一二月二二日メール　竹内たみ子）

田戸様　竹内様　皆様

本当にありがとうございます。

心深く、ご理解いただだていることを感謝致します。

皆様の暖かいお気持ちを受け止め、しばらく静かな時間を過ごしました。

なんとお礼を伝えて良いかわからないです。

岡本様にもくれぐれも、よろしくお伝えください。

来年は、険しく大きいけれど美しい『航太山』に登り、皆様と素晴らしい景色を見たいです！！！（二〇一六年一二月二四日　渡辺淳子）

第6章

和解

失われた航太さんの生命《いのち》の重み

現在、改めて「過労死」に関する社会の関心が高まっており、「過労死」の撲滅は、我が国において喫緊に解決すべき重要な課題であり、「過労死のない社会」は、企業の指揮命令に服する立場の従業員や、その家族、ひいては社会全体としての悲願であるといえよう。これを達成するためには、上記のとおり、「過労死」の防止の法的及び社会的責任を担うそれぞれの企業において、……「働く人の立場・視点に立った『働き方改革』」を推進して、長時間労働の削減と労働環境の整備に努めることが求められていると思われ、そのような社会的機運の高まりがあると認められる。

これらの社会情勢は、過労によって交通事故死したと認められる本件の悲惨さと、大学卒業後に社会人としての第一歩を踏み出し、希望に溢れていたのに未来を絶たれた被害者の亡航太の無念さ、その遺族である原告らの悲痛な心情と極度の落胆と喪失感に思いを致すとき、社会的な意義をも有する民事訴訟を担当することのある裁判所においても、無視することは許されないと思われるのであり、当裁判所は、本件事故に係る本件訴訟の解決の在りようについて、真摯に、深甚に、熟慮すべきであると考えるところである。裁判所は、自らが担当する民事紛争について、その解決の内容及び効果が訴訟の対象である訴訟物に限定される判決による解決によることのほかに、和解による解決として、真の紛争の解決と当事者双方にとってよりよい解決をすることをも希求する職責を国民から負託されていると考えるからである。

《中略》

これまで、……「過労死」の社会問題は、……過労による身体的疾患若しくは精神的疾患の罹患及びこれによる死亡若しくは自殺という、「過労死」及び「過労自殺」の類型の労働災害に限定して報じられてきており、本件のような過労ないし極度の睡眠不足による事故死という労働災害事故の類型（過労ないし極度の睡眠不足による交通事故死を含む労災事故死を「過労事故死」ということができる。）は、過労死等防止対策推進法の上記の「過労死等」の定義規定に該当せず、同法の定める「過労死等の防止のための対策の推進」の直接的な対象とはなっておらず、過労死等が生ずる背景等を総合的に把握する観点から、これに関連するものとして過労死等に関する調査研究等の対象とされるものである。また、上記のとおり、裁判例においても、先例に乏しい状況にある。したがって、本件における裁判所の判断が公表されることは、今後の同種の交通事故死を含む「過労事故死」を防止するための社会的契機となり、また、同種の訴訟における先例となり、これらの価値と効果は、決して低くはないものと見られ、むしろ高いものと見ることができる。「過労死」、「過労自殺」に並ぶ労働災害の事故として「過労事故死」の類型が潜在的にあり、本件事故がその氷山の一角であるとすれば、本件事故の先例としての意義は高いと言い得よう。労災事故に係る損害賠償請求訴訟における裁判所の判断の内容は、裁判規範として同種訴訟の参考となることはもちろん、企業においても、これまで法令遵守（コンプライアンス）の参考として重要な価値を有するものと位置づけられてきており、このようにして社会規範にもなり得るものであるからである。

また、被告が、本件に係る当裁判所の上記の判断を真摯に受け止め、これを尊重することを期待してする当裁判所の和解勧告を受諾し、被告が本件事故に対する謝罪と、今後の同種事故の防止を確約する内容を含む裁判所の和解案による和解によって本件を早期に全面的に解決することは、原告らにとって、亡航太の意志に沿うように思われるところであり、慰霊のための何よりの策となると考えられるのである。（横浜地方裁判所川崎支部決定平成二七年（ワ）第三三三号損害賠償請求事件二〇一八年二月八日より抜粋、以下同）

異例のことですが、裁判所からの要望で、和解勧告文は、裁判長が公開法廷で三〇分以上にわたり読み上げられました。右の文章はその一部です。裁判所は、和解決定文で、航太さんが、長時間労働、深夜早朝の不規則勤務による過重な業務によって、疲労が過度に蓄積し顕著な睡眠不足の状態に陥っていたことが原因で、居眠り状態に陥って、事故死するに至ったこと、会社が原付バイクによる出勤を指示・容認していたことを認定しました。

これまで、帰宅途上の交通事故は、事業者の業務指揮命令外で労働者の自己責任の範囲とされ、事業者の安全配慮義務違反が問われることはほとんどありませんでした。航太さんの事件は、通勤の方法についても、事業者の安全配慮義務の範囲を明確に拡張した点で意義があると考えます。

また、この和解勧告では、被告であるグリーンディスプレイに失われた航太さんの生命の重みと企業として多くの従業員を雇用する責任の重さ、そして、約束させた再発防止策について、つぎのように述べました。

亡航太の地球よりも重い生命を代償とする貴重な教訓として、使用者たる被告に直接投げかけられたものと把握し、これを、真正面から受け止め、多数の従業員を擁する企業としての被告の決意と、亡航太の遺族に対する謝罪の意思とを表明し、法令遵守の企業姿勢を明確に社会に表すことは、とても重要であると考えられる。

被告が、むしろ、本件を機に、多数の従業員を擁する企業として、「過労死」を撲滅することを約し、二度と「過労事故」を生じさせないことを宣言して、社会的責任を今後も果たしていく、在るべき企業の範たるものとなり、その先駆けとして、今後も、被告における長時間労働を削減し、労働環境の整備を実行し、これらを継続して拡充していくことが望まれるのであり、期待される。

会社が約束した再発防止策とは、①勤怠管理を徹底して過重労働とならない業務遂行計

画を策定すること、②協力業者を新規に獲得して被告の従業員の作業量を減らすこと、③フレックスタイム制の採用、④一一時間のインターバルを取ることを就業規則に明記して周知徹底を図ること、⑤バイク通勤を禁止し、通勤交通費請求において、公共交通機関以外の利用を認めず、請求書を精査し本人と確認のうえで通勤方法と金額を決定すること、⑥男女別仮眠室の設置または深夜タクシーチケット交付制度の導入、⑦労働者の心身の健康管理の充実等の方策の実施です。

今後、過労事故を防ぐために、深夜不規則労働の職場に対して、会社の責任で経済的負担をし、安全に帰宅できる方法を確保するための実践例といえます。

裁判所は、航太さんの「地球よりも重い生命を代償する貴重な教訓」として、今後会社が過労事故死を防ぐため道筋を示していったのです。

しかし、この裁判所の画期的な和解決定に至るまでの道は、容易ではありませんでした。

グリーンディスプレイの〝言い分〟

裁判では、被告であるグリーンディスプレイ社側代理人が反論をし、二年にわたり主張反論を繰りひろげました。会社の反論は主に以下の内容となります。

①　事故は睡眠不足が原因ではなく、航太さんの単なる操作ミスなどの不注意が原因
②　会社は航太さんがバイクで帰宅して事故が起きることを想定できなかった
③　航太さんは仮眠をとっていた
④　業務が量的・質的に過重なものとはいえない

①の事故原因については、佐々木司先生の鑑定意見書によって、科学的知見にもとづき、過労によって生じた睡眠不足が原因であることを立証しました。

④の会社が事故を想定できたかについては、私たちは、会社は深夜に渡る業務の時には、原付バイクでの出勤を暗黙の前提として航太さんに指示をしており事故が起きる可能性について会社は想定できたと主張しました。これに対して、会社は、事故当日は公共交通機関のある時間帯に業務が終わる予定であり、航太さんは独断で原付バイク出勤したと反論しました。しかし、タイムカードやＰＡＳＭＯなどの記録から、深夜に渡る可能性のある業務の際には一般に原付バイクで出勤していたことや、終了時刻が予定よりも早まることがあったことを立証しました。さらに、航太さんの遺品の手帳から事故当日の作業について「丸の内　24：30～」とのみ記載されており、終了時刻が記載されていなかったことも、反論の根拠としました。

ただ、③仮眠をとれていたのか、④業務内容の質的・量的過重性については、淳子さんが航太さんから聞いていた伝聞による証言のみで、確実に立証できる証拠がありませんでした。

過労死裁判の宿命ですが、当事者はすでに亡くなっているため、職場の実態については、残された遺族などでは立証が難しい状況にありました。

なんとか、勤務拘束時間グラフによる不規則労働の実態をビジュアル化したり、淳子さんの証言、航太さんの友人の証言など集めて航太さんの就労実態を立証しようと努めましたが、この点については、実際に働いている人でなければわからないことが多く限界がありました。

このまま証人尋問に突入すれば、航太さんの勤務実態について会社側証人が都合の良い証言をし、原告の主張は認められなくなる結果、敗訴してしまう危険がありました。そのため、私たちは、航太さんの同僚を証人として獲得すべく、全力を尽くすことになりました。

その結果、二人の元同僚証人の陳述書を提出し承認申請をすることができたことが、裁判の帰結を大きく左右することになりました。

鍵を握る同僚の証言

まず、最初に私たちがアプローチしたのは、香川綾さん（仮名）でした。香川さんは、航太さんと親しく、亡くなった直後から、淳子さんとやりとりしていました。営業に配属されており、航太さんの配属されていたサービスセクションとは別の部署だったため、航太さんの現場作業での様子は知りませんでしたが、職場での様子を知る数少ない協力者でした。すでに彼女は、航太さんが亡くなった三か月後に、グリーンディスプレイ社を辞めていました。とはいえ、法廷の証人になってもらうことは、大変勇気のいることです。私と、淳子さんは、何度も彼女のもとへ赴き、何のために提訴したのか、裁判の現状と、その意義を説明し、最終的には、協力してくれることになりました。彼女の協力によって、グリーンディスプレイの「ブラック企業」といえるような職場風土や、事故前の航太さんの疲労の様子を、明らかにすることができました。

香川さんは、航太さんのグリーンディスプレイでの役割について、つぎのように陳述しています。

私と渡辺君がはじめて会ったのは、クリスマスシーズンの、銀座の三越の装飾のため、渡辺君が夜の現場に来ているときだったかと思います。バイトで最初に出会ったときからから、いろいろと頼りにされていて、いろんな作業をこなしていました。渡辺君は、いろんな作業で疲れているかなとは思っていたことはありましたが、疲れを表に出さないタイプでした。それに、みんな疲れていたので、特別配慮することもできませんでした。

その後も、私は、横浜ベースの二階でパソコンに向かい合いながら営業の仕事をしており、渡辺君は外の仕事が多かったので、普段あまり会うことはなく、たまに会うと嬉しくなり話をしていました。横浜ベース内での作業では、渡辺君は、手作業が得意な方だったので、制作チームのベテランの河野さんにも可愛がられている印象でした。

渡辺君は、自分ではこうなりたいという夢があり、一生懸命頑張っていました。私の場合、まわりの人にもう嫌だという気持ちを表情に出してしまうタイプだったのですが、渡辺君の場合は逆で、いろんな人に対して気を使っていて、笑顔でいるタイプで、本当に素敵な人だなと思っていました。

グリーンディスプレイで働いていた人たちは、みんな根は優しく、責任感がある人たちでしたが、その分逆に、人手が足りないときなどは、みんなで支えあいカバーし、みんなで達成感を共有するような社風があります。渡辺君も、仲間のために一生懸命に頑張るタイプだったので、結果としてそこにつけ込む形になってしまい、労働時間規制を無視した長時間・深夜不規則労働につながっていた部分があると思います。グリーンディスプレイは、これまでの社風によらずに、働き方について考え直す必要があると思います。


もう一人協力してくれた元同僚は、鯨井篤さんです。

香川さんの証言によって、職場実態に迫ることはできましたが、やはり、航太さんと同じサービスセクションで働いていた同僚の証言が決定的に必要でした。会社の組織図をみると、航太さんと同じサービスセクションに配属されていながら、会社側の証人には名前が挙がっていない人が一人だけいました。それが鯨井さんでした。香川さんに確認をしたところ、鯨井さんは、すでに退職をされているとのことで、連絡を取る方法がありません。

香川さんの話では、鯨井さんは、グリーンディスプレイを辞めたあと、埼玉の実家の牧場に戻っているということでした。淳子さんは、その情報だけを手掛かりに、タウンページにあたりました。しかし、鯨井という苗字は載っていなかったため、つぎに、埼玉の牧場をタウンページで探して、片っ端から電話をかけたのです。このときも、鯨井さんと連絡を取ることはできませんでしたが、鯨井さんの父親の酪農仲間のところに淳子さんの電話があり、後で聞いたところによると、そのことは鯨井さん本人の耳にも入っていました。

その後も、鯨井さんへのアプローチを考えて、私がフェイスブックで鯨井さんを検索することを思いつき、フェイスブックで名前を検索してみたところ、一名がヒット。果敢にも淳子さんがフェイスブックを通じて連絡を取り説得をして、一度会うことになりました。

鯨井さんは、提訴当時の職場での受け止めをこう記憶しています。


二〇一五年四月、裁判があったことは知っていました。最初提訴のことをニュースで聞いたとき、私のまわりはその話題でもちきりでした。グリーンディスプレイでは、その日に緊急のミーティングが開かれて、箝口令がひかれました。今後、部長などが窓口になるからといわれ、連絡をとらせてもらえなくなりました。サービスセクションの場長からは、この件は本部長がとりしきるので、取引先などから聞かれても、話すなと言われていました。それでも、提訴の

ニュースがあった翌日に、取引先の卸業者などにいくと、すでに話題で持ち切りでした。取引先からも、「鯨井くんも大丈夫?」などと言われました。

私自身は、自分たちの会社が訴えられているのはわかっていましたが、まるで遠くでおこっていることのように思いました。正直、事故から一年経っていて、ニュースになるまで、ナベ氏(鯨井さんは航太さんをこのように呼んでいた)が亡くなった事故についても、記憶が風化していました。目の前の業務が忙しすぎるあまりに、ニュースをみて思い出していたような感覚でした。

正直いって、私は、この裁判の提訴によって、会社や職場が少しでもよくなるのではないかと期待していました。失礼ですが、少しほっとした気持ちといってもいいかもしれません。この会社もいい加減よくなるだろうと。しかし、ニュースがあってからも、現場は変わりませんでした。結局、少し経ってから、職場でこれ以上働くことは諦めて、辞めてしまいました。会社を辞めた後も、ネットやニュースなどで、裁判の行方を気にしていました。そして、ナベ氏のお母さん、渡辺淳子さんから私に連絡がきました。


二〇一七年四月一五日、淳子さんからフェイスブックでメッセージを送って鯨井さんと連絡がとれたとき、鯨井さんは、「いつかかかってくると思いました」と言いつつも、当初は裁判への協力について消極的でした。

お母さんからは、裁判の現状や、会社側の主張の内容をきいて、やはりおかしいと感じていました。ただ新宿で最初に会ったときは、正直あまり関わりたくないなという思いがありました。何らかの協力はしてあげたいときもあったが、表立ってはできればしたくないと思いでした。なので、裁判まで協力することは、断っていました。当時、自分も、就職活動中でした。就職した後に、前の会社を訴えることに協力していることを伝えると、新しい会社の就職先に伝わるとよくない印象を与えるのではないかという不安がありました。

私は、鯨井さんに、会社側から提出されていた航太さんの職場の上司、同僚の二人の陳述書を渡しました。鯨井さんは、陳述書を読んで、「職場の同僚たちが書くとは思えない、絶対にありえない内容だ」と言いました。鯨井さんから聞く職場の状況は、やはり私たちがこれまで主張してきた事実を裏付け、会社側の主張を突き崩すものでした。私は、何としてでも鯨井さんの協力を得なければならないと考え、鯨井さんに話してもらい陳述書として提出したいこと、場合によっては証人尋問という形で法廷に立ってもらいたいことを伝えました。

鯨井さんは、これまでの裁判の流れを聞き、裁判の書類を全部持ち帰って、読んでくれました。そして、協力を決意してくれました。鯨井さんは、当時の心情について、つぎのように述べています。

書類をみて、おかしいと思ったし、お母さんの熱意も感じました。自分が断ったら、誰も伝えてもらえなくなってしまうと思いました。面談後、親父に、裁判のことを相談しました。その時、親父からは、「お前がいいんだったら、協力する気があるのであれば、しっかり協力してやれよ。」と言われました。やはり、自分にしかできないこと、自分にしか言えないことを、伝えないといけないと思いました。今の職場の人は、言えるわけない。自分にしかできることがなければそれを言おうと思いました。

その後、鯨井さんの陳述書を作成して、裁判所に提出した際に、裁判傍聴にも来てくれました。このときのことを、鯨井さんはこう記憶しています。

一度裁判傍聴に行くことになりました。その日の裁判が始まる前の朝、駅前でビラを配っているのをみても、ここまで親身になってくれる人がたくさんいることに、驚かされました。こんなにいるとは思いませんでした。裁判は全然自分の知らない世界のため、裁判の傍聴席もはじめてでした。裁判の独特の重い雰囲気を肌で感じました。こういうことに関わることになるとはと、戸惑いはありました。他方で、これだけたくさんの人が、傍聴に来ていることに驚きました。傍聴席は、原告側の人がほぼ全員でした。こんなに大勢が裁判に関わっていて、お母さんを応援している。こんなにも大勢の人が関わって、地道に活動をして、裁判が成り立っているということが驚きでした。「すごい」と思いました。

裁判後の報告集会では、発言もしました。前に座って、職場の状況について話を振られました。そのあとに報告集会で話をして、改めて、自分でないとできないこと、だと思いました。私は埼玉から来たただの一般市民なのに、報告集会が終わって、みんな握手を求めてきて「ありがとう」と言われました。

私自身、グリーンディスプレイに入社して、勤めているなかで、おかしいと思うことがいろいろありましたが、自分のいた環境が、本当に正しかったのか、間違っていたのか、自分がよくなかったのか、わからないことがありました。航太君も辞めたいけれど辞められないと思っていたと聞きました。理不尽なことも言われても、初めて社会に出る若者にとって、それ自体が世界のすべてになってしまいます。自分が弱いからだと、だんだんわからなくなってしまいます。それを理解してくれた人を感じてほしいと思いました。しかし、裁判を支援してくれる方々、世間一般からみて、「おかしい」と言っていることが、これだけいるんだと思いました。

鯨井さんは陳述書で、グリーンディスプレイでの航太さんの業務の肉体的・精神的負担についてつぎのように陳述しました。

――レギュラー業務は、肉体的・精神的にしんどい仕事でした。

植物のメンテナンスには、主に水やりと剪定があります。水やりは、トラックに積み込んだ一〇〜二〇リットルも入るポリタンクや、水の入った重いバケツや何リットルも入る大きなじょうろを、現場で運搬して水やりをしていきます。現場の植物全部に水やりをするためには、水場と現場を何度も往復もしなければならず、かなりの重労働です。段差のある現場では、台車も使えません。

剪定の作業には、ハサミなどの刃物も用いるので、不注意で指をケガしたこともありました。また、季節ごとの植栽の入れ替えの際には、植物自体を多量に運ぶ必要がありこれも重労働でした。しっかり根の張った相当な重さになる植物と土嚢が入った植木鉢を、大事に両手で抱えながら慎重に運ぶ必要があり、体力も気力も使う作業です。

しかも、日中のメンテナンス業務は、営業中の店舗へ入らせていただくこともあります。お店の従業員や通行人などの周囲の目があるなかで、ぶつかって水をこぼしたりなどしないように気を張りながらの作業でしたので、誰もいないところでの作業と異なり、精神的にも疲れます。特に、航太さんの場合は、試用期間または新入社員として先輩に評価される立場にあり、先輩の目もあるなかでの作業はなお気を使うものであったと思います。

このようにメンテナンス業務は、一日中水などの重いものを運びながら歩きっぱなしの作業となる重労働で、私は、一日の仕事が終わって帰宅して、気づいたら疲れて寝ていたこともしばしばでした。じょうろによる水やりや植物の運搬時に、腰や、肩、膝などの間接に負担のかかる作業であり、腰痛や筋肉痛にもしょっちゅうなっていました。もっとも、疲れがたまって体調が悪くても、日中仕事を休んで病院に行くような時間はありませんでした。

また、現場と現場の間などトラックでの移動では、新人は運転することはないが、「道を覚えろ」といわれるので、助手席にいても仮眠をとることはできないこと、残業は日常的に行われており、作業が終わっても片付け、翌日の準備、入力作業等の事務作業などがあること、先輩より先に帰りづらいことなどを陳述しました。そして、クリスマスシーズンなどの繁忙期の深夜作業の負担について、つぎのように陳述しています。

深夜一一時から作業をスタートしてから、朝方四時や五時ごろまで徹夜での作業になります。横浜ベースに戻ってからは、ベースの片付けやゴミ捨て、翌日の準備などを行いその日の作業は終了になります。深夜の設営作業は、作業中は夢中になっていますが、終わってベースに戻るころにはぐったりとし、眠気が襲ってきます。ベースでの最後の作業のときに、パンチカーペットを均等に張る簡単な作業をしていたのですが、意識朦朧として集中力がもたず、張り方を間違えて先輩に怒られた記憶があります。

深夜のスポット業務は、肉体的に精神的にも消耗が激しい作業で作業終了後の疲労感と眠気は大変強いものでした。

そして、航太さんの働き方について、つぎのように陳述しています。

航太君は、クリスマス期にスポット業務に従事した経験があり、スポット業務の現場作業では人手が足りないことが多かったため、スポットチームの応援に駆り出されるようになりました。そのため、航太君は、実質的に、日中のレギュラーチームと、深夜作業を含むスポットチーム両方に配属されるような形になりました。主に航太君が、レギュラーチームとスポットチーム両方をまたにかけて仕事をするような状況になっていました。

さらに、航太君は、クリスマスシーズンに、制作チームも手伝っており仲が良く可愛がられていたので、横浜ベースで手が空けば、合間に制作チームの仕事も手伝っていました。

鯨井さんの証言で、グリーンディスプレイにおける過酷な働き方、職場でのパワハラ、休憩がほとんど取れず、仮眠室も男女別になっていないため、男性はほとんど利用していなかった実態が明らかになりました。

そして、鯨井さんは、勤務当時の自分の体験を述べて、つぎのように陳述を締めくくりました。

——二〇一四年四月一七日のセッション記録に、「事故多発中　要注意!!!!!!!!!!!!!!!」——

という記載がありますが、これは、実際にグリーンディスプレイにおいて、交通事故が多発していたためです。

サービスセクションでは先輩が二回、私が一回、営業の人も何回か交通事故を起こしていました。

私の交通事故は、二〇一三年九月ごろ、早朝業務のため五時出社をする日に起きました。その際、道路を走行中、あまりの眠気で意識が朦朧となり居眠りをしてしまい、縁石にのりあげ、ハイエースを分電盤にぶつけてしまったことがありました。時速四〇キロは出ていたところ、ハイエースの左側前面がぶつかり大破し、ミラーもとれてしまうような事故でした。幸いにも運転していた私は無事でしたが、今思うと、航太君の事故に近い状況だったと思います。

私は、実家の都合で仕事を退職し今は実家の稼業を手伝っていますが、自分の後輩にあたる航太君が、事故を起こして亡くなって裁判になっていることは、ずっと気になっていました。

私が、今回、ご遺族の渡辺淳子さんの依頼をうけて、裁判に加わる決意をしたのは、まず、なによりもグリーンディスプレイにこういった事故を二度と起こしてほしくないという想いがあります。

自分も新卒で入社した後、二年半ほどしかグリーンディスプレイで働いていませんでしたが、私の知る限りでも、かなりの数の社員が会社を去っています。会社からすれば根性がないからだということだと思いますが、若い人を使い捨てるようなことはもうやめてほしいと思います。

鯨井さんの陳述により、グリーンディスプレイ、サービスセクションの就労の実態が生々しく明らかになり、原告の主張を裏付ける決定打となりました。

判決以上の和解

私たちは、証人として、鑑定意見書を書いていただいた佐々木司先生、当時の状況を知る航太さんの友人二名、職場の同僚の香川さん、鯨井さんと、原告本人として淳子さんの尋問を申請し、裁判での主張立証活動は証人尋問を残すだけとなりました。二〇一七年九月一四日の第一六回期日に、裁判所の提案で、証人尋問前の和解協議の期日が設けられました。当初、私たちは、裁判所に対し、グリーンディスプレイ社と和解することは「いっさい考えていない」との立場を明確に表明していました。一般に和解解決は、責任は曖昧にした金銭賠償の合意で、解決内容についても口外禁止条項がつくものです。会社の責任を明らかにする明確な判決を勝ち取り社会に示すことによってこそ、過労事故死対策の法規範を勝ち取れ、再発防止になると考えていたからです。

しかし、裁判長から「公害事件のように和解決定で損害賠償だけでなく、謝罪、再発防止に踏み込むこともありうる。判決以上のものとなるものもある」と強く説得され、裁判所が次回和解期日で考えを示すことになりました。

そして、続く一一月九日の和解期日。裁判所は、今回の和解決定文のもととなる「所見」を、その思いとともに、示したのです。その分量は和解勧告としては異例の一五頁以上にも及び、グリーンディスプレイの責任を詳細に認定したうえで、過労事故死撲滅のための裁判所の強い想いがこもった内容でした。

この日のやり取りについて、淳子さんはこうメールで支援する会に報告しています。

皆さま、竹内さま

お世話になります。

昨日の裁判長との正確な会話

〈私〉

第一回期日に「航太の命に真摯に向き合います」の裁判長のお言葉を信じ、頑張ってきました。素晴らしい所見を示していただき感謝申し上げます。

ただ、息子は戻ってきません。会社への再発防止は勿論のこと、社会全体をみても過労が原因で起こる事故には、全く無関係の人々が巻き込まれる可能性があり、私はそこを見逃すわけには……

お金や一企業への恨みでこの裁判を行ったわけではない気持ちを、涙ながら訴えました。

〈裁判長〉

だから、だからこそ和解で、お母さんの思いを伝えるんです！私にも航太さんと同じ年の息子がいます。

「だからこそ和解で」は強い口調でしたが、私には深く理解できませんでした。判決でないと、一時で消えてしまう！と思い込んでいました。

昨夜ほとんど眠れず、あの会話が頭でぐるぐる回っていまして、仕事が手につきませんでした。（二〇一七年一一月一二日メール　渡辺淳子）

私自身、この日の和解期日で、裁判長から「所見」を示され、裁判長の思いを聞いたとき、言いようのない感動を覚えたのを記憶しています。司法という一見無味乾燥な場で、ここまで裁判官の人として血の通った言葉に触れたことは、これまでありませんでした。裁判所は、私たちがこの裁判で求めてきたもの、通勤途中での過労事故死を防ぐための法規範化と、再発防止策を示し、司法としての矜持に基づく過労死撲滅への想いを詰め込んで、高らかに航太さんの命の重みを宣言したのです。たしかに、判決では、被告企業を断罪することはできても、再発防止策や、裁判所の想いを入れ込むことはできません。これは、裁判所のいう、まさに「判決以上の和解」でした。

この日の和解期日について、支援する会の長島さんは、フェイスブックでその感動を記載しています。

グリーンディスプレイ青年過労事故死裁判の和解協議がありました。一時間を超える長い協議。

裁判長は、異例と言える一五ページの所見を出し、通勤中でも企業に責任はあり、今回の被害青年（航太くん）の過失は極めて小さいとしました。

困った企業側は、本日もどういうことか詳しく知りたいと判断を先延ばし。

裁判長は、過去の判例集のコピーを渡し、「判決でなくても、和解の事例が掲載されることもある。先生頑張ってくれ！」と言ったとか（笑）。

渡辺さんは、こんな働かせられ方で二度と青年の犠牲を出してほしくないと裁判に立ち上がりました。そして闘いの武器は勝利判決ではなく、和解でも手に入れる事ができるという希望がみえた事でホッとしている様子。

素晴らしい原告に突き動かされ、支援する会のみなさんが粘り強く闘い、活動が展開されてきました。皆さんのご協力で一万五〇〇〇筆を超える署名が集まりました。

その力が、司法が何をすべきか？　その使命感で裁判所を動かしている。闘いを通じて裁判官を官僚ではなく、人にしている！　と川岸弁護士の名セリフで報告集会を締めくくりました。

裁判長は企業側に判断を短期間に迫り、次回一二月二一日一五時となりました！

この日の和解期日を境に、私たちは、裁判所の想いのこもった和解決定を受諾する方針へ舵を切りました。

グリーンディスプレイへの最後の説得

しかし、続く一二月二一日の和解協議では、グリーンディスプレイ社は、裁判所和解決定案を妥結せず、あくまで金銭のみの和解には応じるとの回答をしました。

これに対し、裁判所は、被告側代理人を長時間にわたり強く説得するとともに、①翌年二〇一八年二月八日(木)一三時一〇分を最終和解期日とし、和解決定案受諾についての公開法廷とする、②会社側が和解案に応じない場合は、二月二二日午後に証人尋問の法廷を行い、三月中には判決を出すと宣言しました。

裁判官は、一般に三年程度で他の裁判所へ異動します。このとき、すでに、裁判長の横浜地方裁判所川崎支部の在任期間は三年に近づいていました。裁判長も、二〇一八年三月の年度末で、異動する可能性が高い状況でした。裁判所が、二月八日を最後の和解期日としたのは、グリーンディスプレイ側が和解を拒否した場合、異動前に証人尋問、判決まで進むためのリミットとでした。裁判所が、この事件を自ら解決しようという強い意向が示されたのです。

それでも、二〇一八年一月一六日、グリーンディスプレイ側代理人は、裁判所和解決定案を受諾しないと回答してきました。その代わりに、裁判所和解案のうち、①過労に起因して本件事故が起きたとする部分を削除すること、②非公表とすることを条件に、謝罪、裁判所認定額での賠償、再発防止策の内容での当事者間での和解を提案してきました。これは、被告側としては、あくまで、「航太さんが亡くなった責任はこちらにはないが、一応謝って金も払うので黙ってくれ」と言っているのと等しいものでした。

裁判所は、和解決定文の案は、裁判の社会的意義を強調し、社会問題としての過労死を厳しく告発し、裁判所は「過労死の根絶のため真の紛争解決を希求する職責を国民から負託されている」として判例集への掲載に言及し、社会に発信する意義を強く意識した内容になっていました。和解不成立により、これを無駄にするわけにはいけません。私たちは、この司法の覚悟を正面から受け止めて、何とか和解決定文を世に出すために、闘いを決意しました。

支援する会のメンバーは、東京都世田谷区のグリーンディスプレイ本社へ、三度にわたり直接要請にいき、責任者と面談し、和解の受諾を求めてメンバー一人ひとりが想いを訴えるなど働きかけました。淳子さんも、グリーンディスプレイ社の社長に手紙（後掲一七四頁以下）を送りました。

そして、私も、これまでこの事件に関わってきた淳子さん、支援の人たちの想い、これに応えた裁判官、そして自分自身の思いを込めて、グリーンディスプレイ側代理人に対して送りました。

本件訴訟は、原告が、なぜ、未来ある若者であった亡航太が若くして短い生涯を終えるという悲劇に至ったのか、司法において明らかにするために、決死の思いで立ち上がった訴訟である。原告の本件訴訟提訴の第一の目的は、被告の事故責任の明確化にある。本件事故の原因が、亡航太の自己責任として終わるのではなく、被告における労働環境が原因であることを明らかにすることが、亡航太の名誉を回復し、弔いになる。

本件訴訟は、損害賠償請求に基づく金銭請求の形をとるが、原告が心から望んでいることは、被告から金銭賠償を受けることではなく、原告の子である亡航太が戻ってくることである。原告が勝訴して賠償を得たとしても、亡航太が戻ってくるものではないのである。

原告の願いは、せめて、同様の悲劇が繰り返されないことにある。被告における再発防止はもちろん、過労死を引き起こし続けている今の日本社会において、若者の過労死を撲滅することである。原告のこの真摯な想いと訴えに共鳴をした支援者により、本件訴訟を闘う原告を支援する会が結成され、全国からも一万五〇〇〇筆以上の署名が寄せられている。本件訴訟はメディアでも多数報道され、社会的耳目を集め、帰結について注目されているところである。

本件訴訟を機に、過労交通事故を巡る裁判規範・社会規範を残すことが、亡航太を慰霊し、この世に短くも生を受けた意義をわずかでも残すことになる。

裁判所は、原告のこの想いを真摯に受け止め、意を尽くした和解決定案を提示して頂いた。原告は、裁判所が司法の職責の自覚に基づいた和解決定案を提示したことに、深く敬意と感謝を抱き、受け入れる意向であった。

しかるに、被告の提案した和解案は、責任について曖昧にしたうえで、金銭により解決をする提案であり、原告の本件訴訟にかける想いを理解しないのみか、原告の想いを愚弄するものである。本件事故責任を前提としない再発防止策など、仏創って魂入れず、実効性は何ら期待できない。つまるところ、被告は、敗訴判決を前に、何ら責任と反省を示さないまま、金銭をもって原告の口封じをしようとしたもので、その経営判断は保身のみで誠意のかけらも無いものと受け止めざるを得ない。

本件和解決定が受諾されなかった場合には、裁判所は現在の心証を維持し本年三月に被告敗訴判決を検討する方向である。これに対して被告が控訴した場合、原告及び支援者は、控訴審も徹底して戦い抜くとともに、第一審判決に基づいて、これまで以上に広く社会に、過労交通事故の企業責任を訴え、社会規範・法規範化を目指す方針である。

企業として、従業員の命を第一に考えず、安全配慮義務について自覚のないところに、再発防止は期待できない。同様の被害者を出すことを繰り返さないためにも、そのような企業は社会において厳しく指弾されるべきであり、そうすることが、原告及び支援者の亡航太に対する責務であると考える。

被告が示した再発防止策は、現在のわが国の労働法上の義務以上の内容を実践しようとするもので、模範となるものであり、それが事故責任の反省に基づく真摯なものであれば、原告らも高く評価している。

被告が、本件和解決定を受諾し、責任を認め深く反省し、真に日本社会において模範となる再発防止を示した企業として、再出発を志す決意を示すのであれば、原告及び支援する会は、今後、被告を批難することはない。過労死を生み出さない決意に基づき、容易ではない先進的な再発防止策を実行する企業として、事業を継続し、日本の企業社会のために、原告は、被告のこの間の社会的信頼の失墜を回復し、取引先等関係各所の理解を得るため、裁判所和解決定受諾後に共同で記者会見を行うことや、原告・支援する会として各取引先に報告・要請を行うなど、事業継続のための協力は惜しまない考えである。

被告は、亡航太が大好きであった業務を担い、多くの人に幸福をもたらしてきた企業でもあった。

本件和解決定受諾を機に、亡航太を慰霊し、原告と被告が共に前を進むため、賢明な判断をされるようあらためて再考を求める。

二〇一八年二月八日

みなさま

さきほど渡辺さんには直接ご連絡しましたが、本日また裁判所から呼ばれ、被告が正式に二月八日の裁判所和解を受諾する連絡をしたと伝えられました。

二月八日の和解受諾は、正式に確定になりました!

裁判所からは、当日の持ち方や、和解決定の配布方法、傍聴券の配布、事前の電話会議での打ち合わせなど、積極的に提案があり、この日を迎える裁判所の意気込みも感じました。

二月八日の法廷では、判決期日のように、和解案の読み上げと理由の要旨の告知がされるそうです。

昨日プレスリリースを流し、新聞社からの問い合わせが相次いでいますが、二月八日をより意義のある日とするために、残されたことは、多くの方の傍聴を呼びかけ、最大限メディア対策をやりきることだと思います。

みなさまのルートからも、ぜひ働きかけをあらためてよろしくお願いいたします。（二〇一八年二月二日メール　川岸卓哉）

和解決定の予定されていた二月八日の迫ったわずか六日前、ようやくグリーンディスプレイ社が和解受諾をする旨の連絡がきました。

グリーンディスプレイ社の和解受諾が決まり、裁判官の和解決定へ向けた意気込みは、私たち以上だったかもしれません。事前打ち合わせのため裁判所に呼ばれた際の、裁判長と若手の左陪席裁判官の表情がとても晴れやかだったことが印象に残っています。裁判官としても、司法の場にいる自らの仕事の誇りに充ちている表情でした。時節がら風邪やインフルエンザが流行っていた二月、裁判長は「法廷での読み上げのときまで風邪をひかないように気をつけてマスクをしています」と微笑んでいました。事前打ち合わせでは、裁判長から、当日は公開法廷で和解決定文を自ら読み上げ、淳子さんの意見陳述の後、一言述べて、終わりにしたいと伝えられました。この本の冒頭でも紹介したように、結局、裁判長の最後の言葉は聞けなくなりましたが、裁判長の心のこもった想いは、和解決定文の形で、いつまでも残り続けます。

和解決定を翌日に控えた二月七日。私は、自宅で深夜まで、翌日発表する予定の和解を受けての原告・弁護団・支援する会三者の共同声明文作成の詰めをしていました。その作業の途中で、不意に、涙が溢れだし、慟哭が押さえられなくなりました。

淳子さんの相談を受けてから三年間、私も、淳子さん、航太さんとともに歩んできました。ただ、あくまで代理人として、客観的に航太さんの半生と、その死を捉えるのが役割であり、思い入れを入れすぎずないようにと自分に言い聞かせてきました。それでも、三年の歳月のなかで、私の中での航太さんの姿は着実に、リアリティを持って育っていきました。そして、声明文の最後に「本件が勝利和解によって終結しても、航太さんが淳子さんと共に暮らした家に帰ってくることは二度とありません。」と書いたとき、気付けば、私のいつも隣にいたような航太さんの命とその死にあらためて打ちひしがれ、抑え込んでいた感情を押さえることができなくなりました。

　私は、声明の最後にもう一文「航太さんの短い生涯と引き替えに残されたこの和解が、地球よりも重い一人ひとりの命を大事にする社会を創る希望となることを願うものです。」と付け加えました。


　二〇一八年二月八日。

　二月の澄んだ青空が広がっていました。

　横浜地方裁判所川崎支部一〇一号の公開法廷は、八〇人の傍聴者で溢れ、裁判長は、満員の傍聴席を前に、厳かに、「和解決定文」を三〇分以上にわたり読み上げました。格式高いなかに、航太さんや淳子さんへの想いが込められた決定文を、傍聴人は静かに聞き、なかには涙を浮かべる人もいました。

　決定文を読み上げた後に、原告・被告それぞれの代理人が、受諾する旨述べました。そして、最後に、淳子さんは、意見陳述で、航太さんへの想いと同じことが繰り返さない社会を築いていくことの期待を述べました。


　息子は成人して二四歳になっており、母親としては精一杯の教育を行い、社会に出てどのような活躍をするのだろうか、夢であり希望でした。それが一瞬のうちに絶望に変わることは、予想しておりませんでした。生きることすべてが、奇跡であり、それを喜び、楽しむことをモットーとしている息子でした。

私は愛する息子が、なぜ命を落とさなくてはならなかったのか、理由を知りたくて、二〇一五年四月二四日亡き航太の命日に、被告会社グリーンディスプレイを提訴する事にいたしました。

二〇一五年六月一一日、第一回期日に陳述を行うために、この法廷のこの場所に立ちました。息子を失った喪失感と、自分が生きながらえていることへの罪悪感でいっぱいでした。しかしなんとか心を整え、陳述書を読み上げることができました。橋本裁判長は「命の重みに向き合い真摯に審理します」と、おっしゃって下さいました。それから約二年一〇か月、息子の真実を伝え続けてまいりました。そして本日、その約束を守っていただきました。そして、その結果は画期的な和解解決となりましたことを、心から感謝申し上げます。

この裁判におきましては、私の悲願であった、帰宅途中の事故においても、被告グリーンディスプレイ社の責任を明らかにしていただきました。

事故の原因が過労によるものであり、適切な対応がなされなかったことに対して、安全配慮義務違反を認めさせ、前例になったことに大きな意味があると考えています。今後の過労死問題において、「過労事故死」が公になることで、大きな影響があると考えています。息子の無念の気持ちを汲んで「過労事故死」においても、各企業においても十分な予防対策を期待いたします。

被告グリーンディスプレイ社の予防対策については、一一時間の勤務間インターバルの導入等、公共交通機関のない通勤においても対策を講じることを約束してもらいました。被告会社グリーンディスプレイにおいては、安全配慮義務違反で、入社したばかりの青年が、命を落とした事実を認め、謝罪、再発防止等を実行していき、信頼回復を目指し、あらゆる企業の模範なるよう、心から願っております。息子は、仕事の内容は大変気に入っていました。誠実に取り組んでいたことは、会社内外の方々、上司・同僚からも多く聞かれました。息子も心から期待するもの思っています。

和解協議の折に、裁判長から「陳述書において、亡き航太が社会貢献の意欲があった、と示されている。その内容は変わるかもしれないが、「過労事故死」について、再発防止への社会貢献をお母さんが代わって行うことで、亡き航太の思いを繋げることになるのではなか。」との提案がなされました。私は、その意味を深く考え、受け止めることにいたしました。

私は「過労死」のある日本社会を恥ずかしく思います。私たちは、働くために生きているのではなく、生きるために働いています。

自由で幸せな生活を求めて、働いています。そのためには、まず何よりも命を守ることが大前提です。過重労働等が原因で健康を損なったり、怪我をすることも、あってはなりません。人間の限界を試すような働き方で、生産性を上げていくという考え方は間違っています。人間の能力に合った働き方を、早急に立法、司法、行政、国民全体で全力をあげて考え見直し、「過労死」の無い社会を築いていただきたいと心からに願っております。

それを実現することが、亡き息子から私達に望む、「未来への責任」だと考えております。

ちょうど四年前の二月にも東京に大雪が降りました。我が家のある八王子では膝の丈まで雪が積もっており、私一人では当然歩けるものではありませんでした。雪かきをする時間もなく普段であれば、一〇分で行ける駅までも途方にくれるほど遠く感じました。大柄の航太が、私の前をざっくざっくと歩き、その足跡に丁度ブーツを履くような要領で、一歩ずつ私も前進していったのを思い出します。時々振り返り、頑張って！と声をかけてくれます。何倍もの時間がかかりましたが、おかげで駅にたどり着くことができました。その二か月後には息子はいなくなってしまいました。雪が降るたびに、たくましく優しい息子を思い出します。

これから、私の人生か終わる時まで、航太と共に励まし合いながら、雪道を歩いた時のように、少しずつ前進していきたいと思っております。

終章　勤務間インターバル規制を求めて

和解決定後の反響　過労事故対策の社会規範化

事件の和解解決の報道は、テレビのニュースや、新聞全国各紙に総勢四〇社以上に報道され大きな社会的反響を呼びました。

信濃毎日新聞は、社説で和解解決を取り上げました。

会社を出た後であっても、過労によって事故を起こさないよう配慮する義務が雇用主にはある——。裁判所が示した判断を各企業は警鐘と受けとめ、過重労働の防止に一層努めるべきだ。過労死等防止対策推進法が二〇一四年に施行され、対策は進んではきた。けれども、過労による事故死に目は届いていない。厚労省の協議会が法の見直しを検討しているという。課題と位置づけ、しっかり議論する必要がある。(二〇一八年二月一〇日信濃新聞社説)。

さらに、今回の和解を踏まえて、和解直後の二〇一八年三月一日、淳子さんと弁護団そして支援者は、厚生労働省へ過労運転事故対策を求め、①通院災害が過労運転が原因となっていないかの実態調査、②一一時間の勤務間インターバル規制の法制化、③事業者に対して過労運転防止策の指導徹底を申し入れました。

和解の報道や厚生労働省申し入れによって、和解解決が広く認知されたことをきっかけに、少しずつ、「過労事故死」に対する社会の捉え方、社会規範意識が変わっていったのが感じられる出来事がありました。

まず、和解決定後から二か月後の二〇一八年四月二〇日、過労事故を起こした本人だけでなく、過労に追い込んだ上司も刑事罰で書類送検される事件が起こりました。参議院選挙投開票前日に兵庫県川西市選挙委員会の職員の公用ワゴン車と軽乗用車とが正面衝突し、女性二人が死傷した事故です。事故を起こした職員は選挙区の区割り変更に伴って業務が増えた影響で九月一九日から休みが一日もなく、残業時間は一か月で二〇〇時間を超えていたといいます。これについて、兵庫県警は、上司の選挙管理委員会幹部も道路交通法違反（過労運転下命）で書類送検をしました。このような刑事罰の適用はこれまでほとんどなく、過労事故について、過労に追い込んだ組織の監督者にも責任を問う意識が広まってきた出来事といえます。

さらに、和解決定から三か月後の二〇一八年五月一四日には、国土交通省が、「睡眠不足に起因する事故の防止対策を強化します！」との報道発表をリリースしました。バス・タクシー・トラック事業について、運転者の睡眠不足による事故の防止を推進するため、規則を改正し、睡眠不足の乗務員を乗務させてはならないこと等を明確化し、点呼簿の記録事項とされることになりました。今回の和解決定が、睡眠不足によって交通事故が多発する運動業界の規制強化にもつながったといえます。

判例集への掲載　裁判規範化

さらに、和解決定文は、『労働法律旬報』の判例紹介(二〇一八年六月下旬号)のほか、労働事件の裁判例紹介を専門とする『労働判例』の特別掲載、さらに権威ある判例集の『判例時報』の特報としても掲載されました。判例集への掲載は、今回の和解決定においても、とくに重視して、裁判所にも伝えていたことでした。裁判所の和解期日でも、裁判長は、和解決定でも判例集に掲載された例があることを示したうえで、「後は先生が頑張って売り込んでもらえれば」と伝えられていました。この点について、裁判所の決定文でも次のように触れられていました。

原告渡辺淳子及び原告ら訴訟代理人は、いずれも、当裁判所に対し、亡航太の過労による本件の交通事故死について、裁判規範としても、社会規範としても、先例として今後に生かされることを希望する旨、そのために和解による解決をする場合には、本件に係る裁判所の見解が具体的に示され、これが公表されて(法律・判例雑誌の掲載を含む。)先例となることを希望する旨を明確に伝えている。

裁判例として判例集に掲載・公表されることによって裁判所の作ったルールである裁判規範となり、企業としても対策が進むことを願ったのです。私は、和解決定後、判例集の出版社に、資料をそろえて掲載のお願いをしました。結果、先ほど紹介した三つの雑誌・判例集に、しかも特報として特別の扱いを受けて掲載されました。

これも、それぞれの掲載誌が、裁判所の、そして私たちの思いを受け止めてくれたからだと思います。

『労働判例』の明治大学の小西啓文教授の判例解説文にも、「遺族が、同じような悲劇が繰り返されないよう、この和解文を社会に公開することを切望していることもあり、全文が労働判例誌に掲載されるものである。」と述べられ、さらに、解説では、本判決の意義も的確に解説されています。

裁判所の和解勧試にも登場するように、今日、過労死等防止対策推進法が制定され、そのなかで各種の過労死防止の対策を講じることが求められている。ただ、「過労死等」とはこれまでおおむね「過労死」と「過労自殺」を指すとされ、本件のような「過労交通事故死」についてはこれまであまり注目されてこなかった。

この点、通勤災害制度の登場の際の議論を振り返れば、そもそも通勤は労働者がその方法を

自由に選択できるものであり、使用者の強い関与が認められる「特別の事情」がなければ、業務上と認定されることはなかった。もっとも、会社に来ずして仕事をすることは不可能なのは自明であり（SOHOなどが普及していなかった時代である）、いわゆるモータライゼーションの進展とともに、通勤災害も「保護」する（あくまで使用者の「補償」責任によるものではない）必要性が高まり、昭和四八年の労災保険法改正で「通勤災害保護制度」が導入された。このように考えると、通勤時の（基本的に使用者の支配下にあるとはいえない）事故に使用者の安全配慮義務違反が成立するとした本件和解は画期的な意義を有する。（『労働判例』二〇一八年八月一・一五日号）

また、権威ある判例集『判例時報』でも、詳細な解説付きで掲載され、本判決の意義を説いています。

そもそも、「過労死」及び「過労自殺」のいずれの類型においても、当該疾患の発症ないし死亡（自殺）は、使用者の指揮管理が及んでいると評し得る、当該労働者の通勤時間及び勤務場所やこれに密接する時間及び場所に限定されるものではなく、むしろ自宅において発症ないし死亡・自殺に至るものであるから、「過労事故死」の類型においても、例えば、労働者が過重労働による疲労の過度の蓄積や極度の睡眠不足から居眠り状態に陥り自宅の風呂場で溺死したような事案であっても、使用者は、労働者が労働（労務提供）することができるよう（労契法五条参照)、その労働(労務提供)の能力の維持・再生の場である自宅におけるかような事態の発生を具体的に予見し得る過重労働に従事させていた場合には過重労働を軽減するなどの措置をとることによって、労働者の生命、身体等の安全を確保し、その危険から労働者を保護すべき義務が肯定される余地があると思われる。(『判例時報』二〇一八年七月一一日号)

航太さんの過労事故死は氷山の一角に過ぎない

夜勤と交通事故についての科学的知見からすれば、今回の航太さんの過労事故死は氷山の一角に過ぎないといえます。

①夜勤後には睡眠関連事故が多いとの科学データ

交替制勤務では、体内時計から出される活動・睡眠の指令とは関係なく働き、眠ることを余儀なくされます。日勤だけの勤務に比べれば、交替勤務は勤務中に眠気が増加し、事故も起こりやすくなります。

とりわけ、夜勤においてはそれらの傾向は強まります。勤務時間中もさることながら、勤務を終えた後も気を緩めることはできません。バスや電車などの公共交通機関で帰宅するのであれば問題ありませんが、長時間勤務後や夜勤明けに自分で運転して帰宅するのは、眠気関連事故を招きやすい状況とされています。

研修医を対象にした研究では、連続二四時間以上の勤務後の帰宅途中は、交通事故は二・三倍、ニアミスは五・九倍起こりやすいとされています。さらに、長時間勤務の頻度と関連を調べた結果、長時間勤務の月間回数の増加に伴って、運転中や渋滞中の居眠りが増加することも判明しています。

②長時間の覚醒は飲酒と同程度の作業能力の低下を引き起こす

加えて、覚醒時間が長くなればなるほど眠気は高まり、作業能率は低下するとの科学的知見も示されています。Ｎａｔｕｒｅ誌に発表された知見においては、アルコール摂取による作業能力の低下を参照して、長時間覚醒の効果が検証されています。

実験においては、覚醒時間が一五時間までは、一定の作業能力（パフォーマンスレベル）は保持されていました。しかし、覚醒時間が一七時間を超えると、血中アルコール濃度〇・〇三％の時よりも作業能力は低下し、覚醒時間が二四時間になると血中濃度〇・〇九％の時と同程度に悪化しました。現行の道路交通法では、血中アルコール濃度〇・〇三％以上では酒気帯び運転と判定されます。すなわち、長時間起きていることは、飲酒時と同じ効果をもちます。

独立行政法人労働者健康安全機構労働安全衛生総合研究所の高橋正也氏は、この点について以下のように指摘しています。

飲酒運転にはこれほど厳罰が与えられている。しかも「飲んだら乗るな」というメッセージを知らない運転手はいない。長時間の覚醒を長時間の運転と言い換えると、上記の結果に基づけば、飲酒運転と本質的に同義とみなせる。であれば、「寝ていないなら乗るな／乗るなら眠れ」というメッセージも合理的と言えるはずである。にもかかわらず、このメッセージは社会的に浸透し、機能しているとは言えない。

これらの科学的知見からは、本件の過労運転事故死は特異な例ではなく、長時間労働・深夜不規則労働による過労運転の事故は、潜在的に多数発生しているものと考えられます。過労運転事故に対する対策を講じなければ、今後も事故が発生することは必然です。過労を原因とする事故は、トラックやバスの運転手など職業運転手、深夜不規則労働が不可欠な医療業界や外食業界や、多くの長時間労働の職場の通勤帰宅途上で、潜在的に多数発生していると考えられます。

通勤災害については、厚生労働省発表の労災保険事業の保険給付等支払状況によれば、新規支給件数は七万五二五一件とされ、多数発生しています（平成二八年度）。もっとも、通勤災害の労災認定においては、通勤経路のみが認定のための資料とされ、背景の長時間労働・深夜不規則労働の実態については把握されておらず、調査研究などは行われていません。過労死、過労自殺に加えて、潜在する過労事故についても、過労死の一類型として通勤災害においても、過労運転事故についての実態調査や対策が求められています。

過労死防止のための「切り札」となる勤務間インターバル規制

グリーンディスプレイ社に約束させた再発防止策のうち、一一時間の勤務間インターバル規制は、過労事故死対策として有効です。今回の航太さんの事件では、二一時の連続勤務後極度の睡眠不足の状態に陥った結果事故が起きたと認定されており、勤務間インターバル規制があれば防げた事故でした。会社の安全配慮義務として、勤務間インターバルを導入させることが、過労事故を防ぐために必要な対策です。

さらに、勤務間インターバル規制は、過労事故死にとどまらない過労死全般に対しても、「切り札」となりうる有効な対策です。

厚生労働省は、一月あたりの時間外労働が四五時間を超えると健康障害が発生し、一月あたり一〇〇時間を超えた場合や、二〜六か月間でひと月平均八〇時間を超えた場合は「脳・心臓疾患との関連が強くなる」とし、過労死の認定基準としています。長時間労働が過労死を引き起こすのは、長時間労働により睡眠が十分取れず、疲労の回復が困難になることによる疲労の蓄積が原因と考えられています。睡眠時間と脳・心臓疾患の発症との関連については、睡眠時間が六時間未満では狭心症や心筋梗塞の有病率が高く、四時間以下の人の冠動脈性心疾患による死亡率は七〜七・九時間睡眠の人と比較すると二・〇八倍である等、長期間にわたる一日四〜六時間以下の睡眠不足状態では、脳・心臓疾患の有病率や死亡率を高めるという疫学的報告が存在します。これが現在の過労死認定基準における労働時間要因のエビデンスとなっています。すなわち、長時間労働で過労死するのは、十分な睡眠時間が確保されないことが過労死を招くという医学的知見に基づいており、休憩・睡眠時間確保により過労死を防ぐ勤務間インターバル規制は、過労死を撲滅するため、真の労働時間上限規制といえます。

勤務間インターバルの規制化へ向けた今後の課題

二〇一八年に「働き方改革」国会で審議された「働き方改革一括法案」の一つとして、勤務間インターバル制度の法規制化が争点となりました。野党は欧州並みの一一時間の勤務間インターバル制度の法規制化を求めましたが、結局、成立した法律は、「労働時間等設定改善法」を改正し、「事業主は、前日の終業時刻と翌日の終業時刻の間に一定に一定時間の休息の確保を努めなければならないこととする。」とする努力義務規定にとどまりました。

もっとも、参議院厚生労働委員会の附帯決議（二〇一八年六月二八日）では、「本法において努力義務化された勤務間インターバル制度について、労働者の健康の保持や仕事と生活の調和を図るために有効な制度であることに鑑み、好事例の普及や労務管理に係るコンサルティングの実施等、その導入促進に向けた具体的な支援策の展開を急速に実施するとともに、次回の見直しにおいて義務化を実現することも目指して、そのための具体的な実態調査及び研究等を行うこと。」（傍線筆者）とされ、勤務間インターバル制度の規制化するための検討の方向性も示されました。今後も、勤務間インターバル制度が法規制として義務化されるかが、わが国における労働法制の争点になり続けると考えられます。

勤務間インターバル制度の普及のためには、この制度が労働者にとって過労死防止のための最低限の砦となり、企業にとっても生産性向上につながることを示す科学的な啓発・周知が必要です。

改正労働時間等設定改善法では、勤務間インターバル確保するために、事業者の責務として、短納期発注や発注の内容の頻繁な変更を行わないよう配慮する努力義務規定も創設されています。日本企業社会全体の商慣行自体の見直し改善も不可欠です。

勤務間インターバル時間の設定に際しては、先に示した参議院厚労委員会付帯決議は、「なお、一日当たりの休息時間を設定するに際しては、我が国における通勤時間の実態等を十分に考慮し、真に生活と仕事の両立が可能な実効性ある休息時間が確保されるよう、労使の取組を支援すること」としています。通勤時間の長い日本社会において、ＥＵ並の一一時間で足りるかの検討も必要です。

今後、わが国の勤務間インターバル制度が目指すべき方向性は、努力義務として事業者の自主的取組に任せにとどめず、法規制化を実現すべきであることに疑いはありません。勤務間インターバルの法規制化が、今後労働法制の重大な論点に押し上げられるよう、力を尽くす必要があります。

再び過労事故死が起きてからでは手遅れです。本件の教訓として、過労事故対策と勤務間インターバル規制を速やかに進めなければなりません。それが、裁判を通じて、航太さんの「地球より重い命」に触れた者の未来への責任だと考えています。

おわりに

航太が突然この世から去っていき、喪失感を抱えながら葬儀の準備を急いでいたころ、ふと外の景色を見て気づいたことがあります。その年の冬は雪が降り積もることもあり、桜の開花も遅かったのか、暗く沈んだ私の心と対照的に桜が満開であったように記憶しています。

桜といえば、都電の早稲田駅にほど近いところに住んでいたころ、泣き止まない幼い息子を抱きながら、神田川沿いの遊歩道を散歩したものです。そのころ、桜並木を整備するために、まだ若く、なんだか頼りない桜の苗木が等間隔に植えられ、ほんの少しだけ花をつける程度でした。それらを眺めながら、息子の背中をトントンと優しくリズムを取りながら「大きくなーれ！　元気に元気に、大きくなーれ！」と、桜の木と息子に子守唄でも歌うようにつぶやいていました。それからも、わが家の散歩道として、こどもたちと手を繋ぎ、春だけでなく季節で様子の変わっていく並木道を気持ちよく歩きました。

あの子守歌の願いが叶い、息子も桜の木も元気にぐんぐんと成長していきました。

数年でたくさんの花をつけるようになり、花吹雪が風に舞いながら川へ流れ込む様子は圧巻です。小学生の息子たちは遊歩道へ降り積もる花びらをポケットいっぱいに詰め込んで帰ってきます。「おかえりー」と迎え入れる私に、ポケットから両手いっぱいの花びらを差し出します。息子と一緒に入ってきたまだ少しひんやりした春風とともに、小さなアパートの玄関に花びらが舞い上がります。私と息子で顔を見合わせ「わー」と笑顔になりました。その幻想的とも言える瞬間を、なぜか今、何度も何度もリプレイ映像のように頭に浮かんでは、涙が溢れてきます。

今は季節を楽しむ気持ちは以前のようにはありません。優しい思い出も、思い出すたびに心がヒリヒリと痛みます。誰もがこんなに辛い思いをしてはならないのです。

過労死は人災であり、防ぐことができる死です。

私は航太の死を受け入れられないまま「何があったのか真実を知りたい。」と走り始めた時、労働弁護団のホットラインでやっと繋がった一本の電話から、寄り添い真剣に向き合っていただいた川岸卓哉弁護士に勝利和解にまで導いていただきました。私が未熟であったために、険しいと感じたこともありましたが、なんとかついて行くことができました。本当に素晴らしい道のりを心から感謝申し上げます。

そして、多くの方々のご協力を得ることができました。過労死弁護団の松丸正弁護士を始め、睡眠科学で意見書を作成していただいた佐々木司先生、各支援団体の方々には、貴重な時間を私の訴えに真摯に耳を傾けていただき、人ごとではなく自分ごととして捉えて支援をしていただきました。それらが、多くの署名となり、裁判官の心に届くものとなりました。

二〇一七年の秋ごろから和解協議が始まり、橋本英史裁判長から伝えられた、司法の責務、亡き息子への親としてのありようなどを話してくださり、私の道しるべとなっています。
現在は、大学や専門学校、高校へ出向き講義などの啓発活動を行っています。時代の変化は急速で、働き方もさまざまに変化しています。それら時代に合った法律の整備も急務と考えます。
微力ながらもうしばらく、私の思いを話し、みんなと考えながら社会貢献ができることを望んでいます。

二〇一八年二月八日、横浜支部川崎地方裁判所での和解勧告は忘れることができません。主文を丁寧に読み上げる裁判長と、支援者で埋め尽くされた傍聴席、それぞれの立場で、日本社会から「過労死」をなくしたいという熱い気持ちが一つとなったと感じられる光景でした。

会社の同僚で証人となっていただいた方々には、大変勇気がいることだったと思います。航太の友人や学生時代の先生方にも励ましていただき、力を振り絞ることができました。
そして、メディアの方々にも大変恵まれ、誠実な取材をたくさん受けることができました。

みなさま、本当にありがとうございました。

神田川　航太撮影

私は航太の裁判に明け暮れており、何もしてあげられなかったにもかかわらず、愛する弟を亡くして一番苦しい時に、静かに見守ってくれた航太の兄に改めて感謝を伝えたい。

これからも航太と共に生きていきましょう。


神田川の桜並木はその後も、悠々と成長していきます。今では名所となり、春になるとたくさんの人波が押し寄せてきます。住宅地には似つかわしくない光景であり、親子の優しい散歩道ではなくなっていきますが、立派な桜並木を誇らしく思います。

最後に息子たちと川にかかる橋の中央から綺麗な桜並木を眺めたのはいつだったでしょう。はっきりと思い出すことができません。

遠い遠い記憶、幻のようです。


二四年と一一か月、私の愛する息子でいてくれた航太にありがとう。

逢えないけれど、これからも愛する息子には変わりはありません。

また、いつかゆっくり話しましょう。

二〇二〇年三月

渡辺淳子

グリーンディスプレイ社　社長への手紙

代表取締役社長　望月　勝　様

私は二〇一八年の年明けから、四年前のことを思い出していました。

二〇一四年の正月、駅伝を息子と観ながら、卒業した大学を応援し「毎年、これを繰り返し、歳を重ねていくんだね」と言った言葉が蘇ってきました。たったそれだけの、あたり前のことすら叶うことなく、命を奪われた青年の無念を考えた事はありますか？

二〇一四年四月二四日から三年九か月が経ちました。遺族にとっては、昨日のようです。一日たりと、一秒たりと息子の事を考えない時はありません。涙が流れない日は一日もありません。

遺族は、それぞれの人生が終わるまで、暗黒の世界に沈み続けます。喜び、楽しみを心から感じることは全く出来なくなるのです。突然家族の命を奪われることを想像すれば、理解できるはずです。

息子は二四歳で命を絶たれました。大切な人生を理不尽にも失うことになりました。息子はたくさんの夢を抱いて、社会に飛び出したばかりです。懸命に働いていました。仕事の内容は気に入っていたと思います。それにもかかわらず、命を奪うという裏切りは許せることではありません。命の重みを考えたことはあるのでしょうか？

突然、早朝のバイク事故で大切な息子が亡くなり、訳がわからないまま葬儀へと時間は流れて行きました。上司から原付バイク通勤を求められていた事を、岡崎事業部長の会話から知ることとなり、会社に対して大きな不信感が募りました。特に長時間労働後の早朝や深夜においては大変危険であることは、誰でもわかることです。高橋場長の陳述書にも後悔の念が示されています。

私は「息子に何が起こったのか、真実が知りたい！」と、思いが湧き上がったのは葬儀の直後からです。残された同僚達に話を聞いても、被告会社の状況は変わっておらず、反省の体制は築かれていないことがわかりました。

とはいえ、息子の死を受け入れられるものではなく、私自身体調を崩しながらも仕事を続け、やっと命を繋いでいる状態でもありました。そんな中、追い打ちをかけるように、河野取締役本部長からの事務手続きなどの連絡が入るものの、遺族への謝罪の気持ちすらなく、恫喝されるような場面もありました。私自身の命までも潰されてはならない。息子の名誉を守らなければならない。強く決心をしたのを記憶しています。

僅かほどの力しか残っていない自分自身に、立ち上がる勇気は命がけでした。しかし、本人、遺族の未来を奪い、二度と元には戻せなくした責任は重大であることを、理解させなければならないという決意でした。

これが、二〇一五年四月二四日、亡航太の命日に提訴を決意した経緯です。

最初の記者会見から、メディアの注目を浴びることとなりました。その時から、全国の方々からの支援は今も止む事はありません。過労が原因での事故死は、誰もが納得いかないからです。自分や家族に起こってはならない悲劇だからです。これまでの裁判の流れは、全国民が注目しています。いくつかの海外メディアの取材もあり、国内外ともいえます。

私は、二〇一六年以降、厚生労働省主催の「過労死等防止対策促進シンポジウム」に発言依頼を受けています。私の辛い気持ちの中で、息子に起こった事実を発言することは、容易にできることではありません。苦しみを背負いながらの行動です。それでも、息子の無念の気持ちを思えばこそ、無駄にしてはならないと考え訴え続けていきました。

遺族としての真の願いは、息子を返して欲しい！ただそれだけです。

それ以外のことは何も求めてはいません。それができるのであれば、直ぐに実行して下さい。

過労死は人災であり、命を奪った責任を果たす必要があります。そして、二度と繰り返してはならないのです。息子を戻せないのであれば、この二つを実行するしか道はないのです。本人の無念と遺族の苦しみに比べれば、明らかに容易なことです。

いくら願っても、息子は二度と蘇ることは無いのです。

遺族は、賠償金での解決しか残されていない現実を、受け入れることができません。怒りや憎しみ苦しみを抱えながら、納得いかないまま生きるしかないと諦めるだけです。

それでも、裁判長の和解への説明を何度も伺うことにより、過労死のない世の中にするために、息子の死を無駄にしない、責任を担っていくことへの道を提案されました。

それは被告においても、代理人を通じて何度も説明を受けたはずです。責任を果たすべきだと理解できないのでしょうか。

この度、代理人から「被告和解案」は残酷なまでに、息子の命を奪った上に、新たな罪を原告に突きつけていることを自覚すべきです。

息子の事件は、過労が原因の事故であることは、社会的にも理解されており、この度の裁判所の所見でも証明されています。今さら隠すことも、揉み消すこともできません。

被告敗訴判決の道を選ばれても、我々は予定通りの道を力強く進んで行きます。国民の関心が高いのは説明した通りです。報道関係者も経過と真実を伝えるだけです。支援してくださる方々も、予定通りの行動を実行するだけです。

私にはこの誠実な動きを止めることはできません。

何故、多くの人々が私に支援をしてくださるのか、本質的な理由を考えてください。現実をしっかりと見つめ直し、最大限反省することです。

私たちが何を求めているかを、理解する必要があります。

私は、全ての人が正しく働き、活躍できる社会。過労事故死を含め過労死の無い世の中になることを心から望んでいます。私と息子は、それに貢献することができます。

そして、世の中の人々もそれを望んでいるのです。

それに応える企業を求めているのも事実です。

この機会を逃さず、真摯に受け止めていただきますよう、願っています。

原告　渡辺淳子

◎資料

横浜地方裁判所川崎支部決定〈平三〇・二・八〉

平成二七年（ワ）第三三三号　損害賠償請求事件

決　定

主　文

本件について、和解を試み、別紙和解条項案による和解を勧告する。

理　由

第1　事案の概要（原告らの本件請求）

1　被告は、東京都に本社を置き、草花、観葉植物等のレンタルや、商業施設（百貨店、スーパーマーケット、専門店等）、文化施設等におけるディスプレイ用の植物の設営・装飾等の事業を全国で展開している株式会社である。

原告らの二男であり、被告の従業員である亡渡辺航太（平成元年五月一〇日生、当時二四歳。以下

「亡航太」という。）は、大学卒業後の平成二五年九月頃、被告の大学新卒者向けの求人票を見て応募して採用面接を経て、被告において、同年一〇月一六日からアルバイトとして就労を開始し、平成二六年三月一六日から正社員として雇用されていた。亡航太は、同年四月二四日午前八時四八分頃、前日午前一一時六分頃の出勤時から夜通しの被告の業務を終えて被告の神奈川県横浜市都筑区の就業場所から原動機付自転車（以下「原付バイク」という。）の運転を開始し、片道約一時間の東京都八王子市の自宅に帰る途中の同日午前九時一二分頃、神奈川県川崎市麻生区の二車線（片側一車線）で見通しのよい直線道路（主要地方道横浜上麻生線）の車道上を制限速度（時速四〇ｋｍ）に従って走行中に、原付バイクが左前方に斜走して歩道（路側帯）にはみ出し、路外（路側帯に設置されている有蓋側溝左端の外）の電柱に激突し、頭蓋骨の広範囲の粉砕骨折等の傷害を受け（以下「本件事故」という。）、同日午前一〇時四四分頃、緊急搬送先の病院で脳挫傷、外傷性くも膜下出血により死亡した。（以上の本件事案における事実関係は、当事者間に争いがない。）

2　本件は、亡航太の両親である原告らが、本件事故は、被告が亡航太に対して亡航太の就労開始後六か月にわたり長時間かつ不規則な労働を続けさせ、本件事故前三日間に極度の睡眠不足を生じさせる業務に従事させ、本件事故の日には前日から二一時間以上の徹夜の労働に従事させたため、亡航太が極度の心身の疲労と睡眠不足の状態となり、この極度の過労状態や睡眠不足で生じた注意力の低下、居眠り等が原因となって惹起されたものであると主張し、被告に対し、被告は亡航太に対して過重な業務に従事させ、業務が深夜早朝に及ぶ場合は亡航太が原付バイクで通勤せざるを得ないことを認識しており、これによる亡航太の極度の過労状態や睡眠不足が原因となって徹夜の業務を終え原付バイクで帰宅中に本件事故が生じることを十分に予想することができたから、被告には亡航太の業務の軽減を図るなど適切な措置を講ずることによって亡航太が極度の過労状態、睡眠不足に陥り、本件事故が発生することを回避すべき義務を負っていたのにこれを怠り、漫然と放置した責任があり、この義務違反によって亡航太が死亡したとして、安全配慮義務違反を理由とする債務不履行又は不法行為に基づく損害賠償として、亡航太の死亡により生じた損害金（逸失利益、慰謝料、弁護士費用）九九一〇万五五一〇円（原告ら各自四九五五万二七五五円）及びこれに対する本件事故の日である平成二六年四月二四日から支払済みまで民法所定の年五分の割合による遅延損害金の支払を求める事案である。

3　これに対し、被告は、本件事故時に亡航太が長時間勤務により疲労していたことは否定できないものの、途中で適宜休憩をとりながらの勤務であることからすると、過労状況が亡航太による原付バイクの操作ミスとの関係で安全配慮義務違反に当たるか、当たるとしても本件事故との間で因果関係があるかについては合理的な疑いがあり、被告の安全配慮義務違反及び安全配慮義務違反と本件事故との間の因果関係のいずれも存在しない旨、仮に被告が損害賠償責任を負うとしても、一般に心身の状態は当人が最も把握することができるから、亡航太には原付バイクを運転中に本件事故が生じたことについて過失があり、損害賠償額から過失相殺すべきである旨を主張して、原告らの請求を争っている。

第2　和解勧試及び裁判所の和解案による和解勧告の理由

1　当裁判所が、本件について、和解を試み、当事者双方に対し、当裁判所が策定した別紙和解条項案（以下「裁判所の和解案」ということがある。）による和解を勧告する理由は、次のとおりである。

2　現在の審理状況と原告らの本件請求に対する当裁判所の判断の要旨等について

（1）裁判所に提訴された民事紛争の解決の方法としては、判決と和解とがあるところ、本件訴訟は、平成二七年四月二四日に提起されて以降、争点及び証拠の整理がされ、現在、当事者双方から、亡航太の母である原告渡辺淳子（以下「原告淳子」という。）及び証人の各陳述書を含む書証が提出され、それらの証拠調べが実施されており、原告淳子本人及び証人の尋問をする間近の審理の終局的な段階にある。

そのような審理の段階において、当裁判所は、これまでの当事者双方の主張の状況及び証拠調べの結果として、原告らの請求について、被告には亡航太の本件事故による死亡について損害賠償責任があり、裁判所が認定する損害金の限度で原告らの本件請求は理由があると判断することができると考えており、本件について判決により解決する場合の見通し（心証）を開示し得る状況となっている。

（2）上記の原告らの請求に対する当裁判所の判断（所見）の要旨は、以下のとおりである。

ア　亡航太は、日常的に顧客の店舗等における観葉植物等の設営及び撤去等の作業に従事し、重い植木鉢や装飾品等の荷物の積み卸しなど、身体的な負荷の高い業務を主に担当し、複数の取引先を自ら社用車を運転するなどして頻繁に移動しながら、深夜及び早朝における作業に従事しており、①本件事故の日（前日の午前一一時六分の出勤時から当日の午前八時四八分の退勤時まで、二一時間四二分間の拘束時間）、②本件事故以前一〇日間の短期間（拘束時間一日平均一三時間五一分、最大二三時間）、並びに、③本件事故以前一か月間(時間外労働時間(法定の一週間四〇時間、一日八時間を超える労働時間)九一時間四九分)、二か月間(時間外労働時間平均約七八時間三八分)及び六か月間(同約六三時間二〇分)の各期間のいずれにおいても、心身に対する負荷が顕著に高く、深夜及び早朝の勤務を含む不規則で、過重な業務に従事しており、本件事故の日の前月である平成二六年三月の一か月間で見ると、労使協定(三六協定)に違反する一か月三〇時間を超え一か月約六七時間三五分となる労働に従事するなどしていた。亡航太は、この不規則で、過重な業務のため、本件事故の時には、疲労が過度に蓄積し、顕著な睡眠不足の状態に陥っていたと認められる。

イ　亡航太に業務を指揮命令していた被告又は亡航太の上司は、上記アの亡航太の不規則で、過重な業務の内容等を具体的に把握しており、また、亡航太に対して深夜及び早朝の就労により公共交通機関の利用ができない場合の交通手段として原付バイクによる通勤を明示して指示しており、原付バイクによる通勤の方法を禁止せずにこれを利用し、これを容認しており、このために深夜及び早朝の業務終了後という被告の指揮管理する勤務時間及び勤務場所に密接する時間及び場所において亡航太が原付バイクに乗って帰宅することがあることを認識していた。

亡航太は、本件事故の日の前々日に上司の指示により原付バイクで通勤したのと同じく、本件事故の日の前日にも原付バイクで出勤しており、亡航太の上司は、このことを認識していた。

ウ　本件事故は、亡航太が、上記アのとおり、疲労が過度に蓄積し、顕著な睡眠不足の状態にあったために注意力が低下し、本件事故の日の前日からの夜通しの長時間にわたる過重な勤務を終えて帰宅するに当たり一刻も早く就眠するために帰宅を急いで片道約一時間の原付バイクを運転することとなり、原付バイクの運転中に上記の疲労及び睡眠不足の心身の状態に起因して居眠り状態に陥って運転操作を誤り、原付バイクが左前方に斜走して生じたものと認められる。

エ　使用者の指揮命令により労働者が労働日に長時間にわたり業務に従事する状況が継続するなどして、疲労や心理的負荷等が過度に蓄積すると、労働者の心身の健康を損なう危険のあることは、周知のところであり、労働者がこのようにして、疲労や心理的負荷等が過度に蓄積したり、極度の睡眠不足の状態に陥ると、自動車や原付バイクの正常な運転ができないおそれがあることも、周知のところであり、また、この自動車等の場合と同様に、安全な運転を要する機械等の正常な運転ができないおそれがあるから、労働者がこの心身の状態に起因して、使用者の指揮管理する勤務時間及び勤務場所において、社用車や機械等の運転操作を誤ったり、深夜や早朝の業務の終了後に使用者が指示又は容認する自車の運転による帰宅の途中など、使用者の指揮管理する勤務時間及び勤務場所に密接する時間及び場所において、自車の運転操作を誤るなどして、労働者の生命・身体を害する事故が生じる危険のあることも、周知であるといえる。そこで、使用者は、その雇用する労働者に従事させる業務やそのための通勤の方法等の業務遂行の内容及び態様等を定めてこれを指揮管理するに際し、業務の遂行に伴う疲労や心理的負荷等が過度に蓄積したり、極度の睡眠不足の状態に陥るなどして、労働者の心身の健康を損ない、あるいは労働者の生命・身体を害する事故が生じることのないよう注意する義務（安全配慮義務）を負うと解するのが相当である。

オ　被告又は亡航太の上司は、上記ア及びイのとおり、亡航太の不規則で、過重な業務を指揮命令し、亡航太の原付バイクによる通勤を指示し、容認しており、亡航太の過重な業務の内容等及び亡航太が深夜及び早朝に原付バイクに乗って帰宅することがあることを認識していたのであるから、被告の雇用する労働者である亡航太に従事させる業務やそのための通勤の方法等の業務遂行の内容及び態様等を定めてこれを指揮管理するに当たり、亡航太の業務の負担を軽減させるための措置を講じたり、適切な通勤の方法等を指示するなどして、亡航太が過度の疲労状態や顕著な睡眠不足の状態に陥り、心身の健康を害したり、生命・身体を害する事故が生じることを回避すべき義務を負っていたというべきであるのに、これを怠ったと認められる。

さらに、亡航太の上司は、本件事故の日に、上記ア及びイのとおり、疲労が過度に蓄積し、顕著な睡眠不足の状態に陥っていた亡航太が、原付バイクで出勤していることを認識しており、退勤時にそのままの状態で原付バイクを運転して帰宅すると死傷事故が生じる危険のあることを具体的に認識し得たと認められるから、上記の心身の状態にあって注意力が低下していると認められる亡航太に対し、原付バイクを運転する危険を指摘した上で、公共交通機関を利用することを明示して指示することによって、本件事故が発生するのを回避すべきであったのに、これを怠ったと認められ、この点においても、上記の回避義務に具体的に違反したと認められる。

そして、被告又は亡航太の上司の上記の義務違反がなければ、いずれも本件事故の発生を回避することができたと認められるから、上記の義務違反と本件事故の発生との間の相当因果関係を肯定することができる。

したがって、被告には、上記の義務違反を内容とする債務不履行又は不法行為に基づき、亡航太の死亡による損害金について賠償すべき責任がある。

カ　以上の被告の過失ないし注意義務違反の内容及び程度は、重大であり、極めて高いといえること、亡航太が、過労と顕著な睡眠不足によって注意力が低下していたため、客観的には利用することが可能であった公共交通機関（片道約一時間三〇分）を利用せず、男女別の仮眠室のない被告の就業場所から、一刻も早く就眠するために帰宅を急いで片道約一時間の原付バイクの運転をしたこと等の諸事情のある原付バイクの運転による帰宅について、亡航太の不注意ないし落ち度として殊更重視することはできず、亡航太の過失の割合については、被告の上記の過大な過失と対比して、一割の限度で定めるのが相当である。

キ　そこで、裁判所が認定した損害額八四九一万一〇〇三円に対して上記カの過失相殺をした後の金額から、通勤災害に係る労災補償保険金の受給額七四〇万四四九〇円を控除した七五九一万五四一二円（原告ら各自三七九五万七七〇六円）が、被告の賠償すべき損害金として認められる。

（3）　原告らの請求に係る当裁判所の判断の要旨は以上のとおりであるところ、当裁判所は、次の3に記載の理由により、本件における解決としては、当事者双方にとって、判決による解決をするよりも、和解による解決をするのが望ましく、その意義が高いものと考える。

そこで、当裁判所は、本件の解決に最も相応しいと考える和解案（別紙和解条項案）を策定して、当事者双方に対し、これによる和解を受諾して、本件について和解によって早期に全面的に解決することを勧告するものである。

3　過労死を巡る社会情勢及び過労死に係る裁判例の状況と、本件において和解による解決をする

意義について

（1）　労働者が労働日に長時間にわたり業務に従事する状況が継続するなどして、疲労や心理的負荷等が過度に蓄積すると、労働者の心身の健康を損なう危険があり、労働者が死亡することがあることは、周知のものとなっている。この「過労死」は、我が国において、従来から、深刻で、大きな社会問題となっている。

裁判例においても、「過労死」のうち過労による自殺の事例に関し、最高裁判所は、最高裁平成一二年三月二四日第二小法廷判決・民集五四巻三号一一五五頁(電通事件)において、上記のとおり、過労によって労働者の心身の健康を損なう危険があることは周知のものとなっているとの認識を示した上で、使用者はその雇用する労働者に従事させる業務を定めてこれを管理するに際し、労働者の心身の健康を損なうことがないよう注意する義務を負うことを明らかに判示し、その後、この最高裁判決の判旨は、過労死に係る訴訟における判例として定着している。ただし、本件におけるように、過重な業務による過労状態や極度の睡眠不足を原因として生じた、深夜及び早朝の業務終了後に自車を運転して帰宅中の交通事故死という労働災害の内容及び態様の事故に係る損害賠償請求訴訟の先例は、極めて乏しい(先例として、本件の当事者双方が使用者の安全配慮義務違反の有無の争点及び過失相殺の争点で引用する鳥取地裁平成二一年一〇月一六日判決・判例タイムズ一三二〇号一七五頁・判例時報二〇七一号八九頁・労働判例九九七号七九頁・判例秘書L〇六四五〇六四八がある。これは男性医師が大学病院の過重な労働に従事した後に自ら希望して長時間の当直の業務をしているアルバイト先の別の病院に通勤するために午前八時一〇分頃、自動車を運転中に居眠り状態となり対向車線に自車を徐々にはみ出させ、対向車と正面衝突して死亡した事例で大学を設置する被告の安全配慮義務違反による損害賠償責任を肯定した事案である。)。

また、平成二六年六月に「過労死等防止対策推進法」が制定され、「過労死等」(業務における過重な負荷による脳血管疾患若しくは心臓疾患を原因とする死亡若しくは業務における強い心理的負荷による精神障害を原因とする自殺による死亡又はこれらの疾患若しくは精神障害をいう。同法二条)に関し、「近年、我が国において過労死等が多発し大きな社会問題となっている」ことが指摘され、「過労死等が、本人はもとより、その遺族又は家族のみならず、社会にとっても大きな損失である」として、「過労死等がなく、仕事と生活を調和させ、健康で充実して働き続けることのできる社会の実現」が強く求められていることが、立法事実として明らかにされている(同法一条)。

この大きな社会問題である「過労死」を防止する責務を第一に負うのは、まぎれもなく、労働者に従事させる業務を定め、これを指揮命令しており、上記のとおり、法的にも労働者の心身の健康について注意する義務(安全配慮義務)を負う使用者であることは、自明のことというべきであろう。このようにして、使用者たる企業(事業主)は、過重な業務の遂行に伴う「過労死」のない社会を実現すべき社会的責任と法的責任を負うものということができ、そのような違法な労働時間を従業員に対して強いることのない、法令及び社会規範の遵守(コンプライアンス)のある業務の執行をする企業に寄せる信頼は、当該企業の従業員はもとより、これを企業に安心して送り出す家族、ひいては社会の全体からのものということができる。企業は、これらの信頼を裏切ってはならず、これらの信頼に応えるべきものと考えられるのであって、それぞれの企業において、長時間労働の削減に努めることが、「過労死のない社会」を実現する礎となることは、明らかであると思われる。

（2）　しかしながら、残念ながら、現在においても、厚生労働省の公表によれば、平成二八年四月から平成二九年三月までに長時間労働が疑われる二三、九一五事業場に対して労働基準監督署による監督指導を実施した結果、違法な時間外労働が行われている事業場が四三・〇％と多く認められ、そのうち七六・八％の事業場で「過労死ライン」といわれる一か月八〇時間を超える時間外・休日労働がされていることが認められ、さらに、労働災害として認定された人も、平成二七年には「過労死」（脳・心臓疾患による死亡）九六人、「過労自殺」（精神疾患による自殺、未遂を含む。）九三人、合計一八九人、平成二八年には「過労死」一〇七人、「過労自殺」八四人、合計一九一人に達しており、高い状況が続いている。また、過労死等防止対策推進法六条に基づき政府が平成二八年一〇月に閣議決定して国会に提出して公表された「過労死等防止対策白書」によれば、厚生労働省が平成二七年一二月から平成二八年一月にかけて実施したアンケート調査で、「過労死ライン」といわれる一か月八〇時間以上の残業をした正社員がいる企業が二二・七％に達する回答があった。さらに、報道（平成二九年一二月四日朝日新聞朝刊）によれば、東証一部上場二二五社の過半数に当たる一二五社が同年七月時点で、「過労死ライン」とされる一か月八〇時間以上まで社員を残業させられる労使協定（三六協定）を結んでいることが判明し、罰則付きの残業規制を導入する労働基準法の改正を控え、「働き方改革」として、協定期間を大きく見直し、一気に減らす企業の動きも出てきていることが報じられている。

そして、近時、勤務先の電通における過労によって大学卒業後の入社一年目の女性社員が平成二七年一二月に自殺したことについて労働災害に認定されたことが報道されて大きな波紋を呼び、その民事上の責任として、遺族との間で和解が成立し、これに伴い電通が謝罪の意思を表明しており、「過労死」の問題については、上記のとおり、民事上の責任が厳に問われることが示されたほか、上記の電通の過労自殺事件に関し、さらに、平成二九年一〇月六日に労働基準法違反により東京簡易裁判所において正式裁判による罰金五〇万円の科刑が言い渡され、再度、電通が謝罪し、刑事上の責任も厳に問われるものであることが明らかにされることによって、従業員を雇用する企業に対して、強い警鐘がされている。

このように、現在、改めて「過労死」に関する社会の関心が高まっており、「過労死」の撲滅は、我が国において喫緊に解決すべき重要な課題であり、「過労死のない社会」は、企業の指揮命令に服する立場の従業員や、その家族、ひいては社会全体としての悲願であるといえよう。これを達成するためには、上記のとおり、「過労死」の防止の法的及び社会的責任を担うそれぞれの企業において、同白書（平成二九年度）が指摘するような「働く人の立場・視点に立った『働き方改革』」を推進して、長時間労働の削減と労働環境の整備に努めることが求められていると思われ、そのような社会的機運の高まりがあると認められる。

（3）　これらの社会情勢は、過労によって交通事故死したと認められる本件の悲惨さと、大学卒業後に社会人としての第一歩を踏み出し、希望に溢れていたのに未来を絶たれた被害者の亡航太の無念さ、その遺族である原告らの悲痛な心情と極度の落胆と喪失感に思いを致すとき、社会的な意義をも有する民事訴訟を担当することのある裁判所においても、無視することは許されないと思われるのであり、当裁判所は、本件事故に係る本件訴訟の解決の在りようについて、真摯に、深甚に、熟慮すべきであると考えるところである。裁判所は、自らが担当する民事紛争について、その解決の内容及び効果が訴訟の対象である訴訟物に限定される判決による解決によることのほかに、和解による解決として、真の紛争の解決と当事者双方にとってよりよい解決をすることをも希求する職責を国民から負託されていると考えるからである。

もとより、これらの社会情勢を背景として、被害者である亡航太の母親である原告淳子本人は、平成二七年六月一一日の本件の第一回口頭弁論期日において、思いやりがあり、誠実で、責任感が強く、母親思いの最愛の息子を過労死によって亡くした深い悲しみを述べるとともに、今後就職する若い方のためにも、本件訴訟の提起を受けた裁判所が明確な判断を示すことを求める意見陳述をしており、また、原告淳子本人及び原告ら訴訟代理人弁護士は、いずれも、当裁判所に対し、亡航太の過労による本件の交通事故死について、裁判規範としても、社会規範としても、先例として今後に生かされることを希望する旨、そのために和解による解決をする場合には、本件に係る裁判所の所見が具体的に示され、これが公表されて(法律・判例雑誌の掲載を含む。)先例となることを希望する旨を明確に伝えている。この点につき、原告ら訴訟代理人川岸卓哉弁護士は、上記期日において、本件のような「過労事故死」は過労死等防止対策推進法が対象とする「過労死」には含まれていないものの、同法による調査研究等の対象とされており、本件訴訟の帰趨は、「過労死」対策の対象を前進させ、「過労事故を含めた過労死」対策を強化させるものになり得る旨の意見陳述をしている。また、同弁護士は、「過労や不規則労働の末の交通事故は潜在的に多い。会社側の安全配慮義務がそこまで及ぶことを立証できれば、今後の労働環境整備にもつながるはず」と話していることが報道されている(平成二八年三月三一日付け神奈川新聞）。そして、本件訴訟は、広く報道され、社会的耳目を集めている。

確かに、上記のとおり、これまで、「過労死」の社会問題は、過労による身体的疾患若しくは精神的疾患の罹患及びこれによる死亡若しくは自殺という、「過労死」及び「過労自殺」の類型の労働災害に限定して報じられてきており、本件のような過労ないし極度の睡眠不足による事故死という労働災害事故の類型（過労ないし極度の睡眠不足による交通事故死を含む労災事故死を「過労事故死」ということができる。）は、過労死等防止対策推進法の上記の「過労死等」の定義規定に該当せず、同法の定める「過労死等の防止のための対策の推進」の直接的な対象とはなっておらず、過労死等が生ずる背景等を総合的に把握する観点から、これに関連するものとして過労死等に関する調査研究等の対象とされるものである。また、上記のとおり、裁判例においても、先例に乏しい状況にある。したがって、本件における裁判所の判断が公表されることは、今後の同種の交通事故死を含む「過労事故死」を防止するための社会的契機となり、また、同種の訴訟における先例となり、これらの価値と効果は、決して低くはないものと見られ、むしろ高いものと見ることができる。「過労死」、「過労自殺」に並ぶ労働災害の事故として「過労事故死」の類型が潜在的にあり、本件事故がその氷山の一角であるとすれば、本件事故の先例としての意義は高いと言い得よう。労災事故に係る損害賠償請求訴訟における裁判所の判断の内容は、裁判規範として同種訴訟の参考となることはもちろん、企業においても、これまで法令遵守（コンプライアンス）の参考として重要な価値を有するものと位置づけられてきており、このようにして社会規範にもなり得るものであるからである。なお、当裁判所は、本件において本和解を勧告するに当たり、上記の原告らの希望と原告らが提起した本件請求の上記の先例としての意義を斟酌し、原告らの請求に対する当裁判所の判断（所見）の概要を、後記第3において説示するものである。

また、被告が、本件に係る当裁判所の上記の判断を真摯に受け止め、これを尊重することを期待して する当裁判所の和解勧告を受諾し、被告が本件事故に対する謝罪と、今後の同種の事故の防止を確約する内容を含む裁判所の和解案による和解によって本件を早期に全面的に解決することは、原告らにとって、亡航太の意志に沿うように思われるところであり、慰霊のための何よりの策となると考えられるのである。

一方、被告においても、平成二七年七月二三日の本件の第二回口頭弁論期日において、亡航太について、アルバイト勤務時の熱心な仕事ぶりと篤実な人柄を高く評価されて正社員として採用された被告にとって大事な従業員であるとして、本件事故の発生に関し、被告は、衷心より哀悼の意を表し、亡航太のご冥福をお祈りする旨記載した書面を陳述している。さらに、亡航太の上司は、亡航太が職場の皆から愛されていたことを記載し、本件事故当日に原付バイクで出勤していた亡航太に対し、「疲れているだろうから、電車で帰れよ」と何故言ってあげられなかったか、本当に後悔しております旨を記載した陳述書を提出している。

そして、被告は、上記のとおりの書面上の言辞にとどまることなく、本件事故を契機に、その再発防止策として、①勤怠管理を徹底して過重労働とならない業務遂行計画を策定すること、②協力業者を新規に獲得して被告の従業員の作業量を減らすこと、③フレックスタイム制の採用、④一一時間のインターバルを取ることを就業規則に明記して周知徹底を図ること、⑤バイク通勤を禁止し、通勤交通費請求において、公共交通機関以外の利用を認めず、請求書を精査し本人と確認の上で通勤方法と金額を決定すること、⑥男女別仮眠室の設置又は深夜タクシーチケット交付制度の導入、⑦労働者の心身の健康管理の充実等の方策を実施し、長時間労働の削減と労働環境の整備に努めており、上記の企業としての社会的責任を果たすべく努力していると認められる状況にある。

思うに、被告が、本件事故を契機として、上記のとおり、長時間労働の削減に努め、男女別仮眠室の設置等の労働環境整備の方策を講ずる努力を今後も継続することによって、被告に就業している多数の従業員や、これから就業する若者達、さらに、これらを送り出す家族の信頼に更に応え、また、これまで、亡航太のような誠実な被告の従業員達が遂行してきている被告の業務の実績によって培ってきた顧客からの信頼に更に応えて、その信用を増していくためにも、被告が、被告の大事な従業員である亡航太に生じた本件の悲惨な事故を重く見て、これを、被告における就業を通じて社会貢献しようと考え、「好きな仕事に巡り合えた」と夢を力に変えて最大限の努力をしていたという(上記原告淳子本人による意見陳述)亡航太の地球よりも重い生命を代償とする貴重な教訓として、使用者たる被告に直接投げかけられたものと把握し、これを、真正面から受け止め、多数の従業員を擁する企業としての被告の決意と、亡航太の遺族に対する謝罪の意思とを表明し、法令遵守の企業姿勢を明確に社会に表すことは、とても重要であると考えられる。

被告が、むしろ、本件を機に、多数の従業員を擁する企業として、「過労死」を撲滅することを約し、二度と「過労事故」を生じさせないことを宣言して、社会的責任を今後も果たしていく、在るべき企業の範たるものとなり、その先駆けとして、今後も、被告における長時間労働を削減し、労働環境の整備を実行し、これらを継続して拡充していくことが望まれるのであり、期待される。

そこで、被告が、本件に係る裁判所の上記の判断と上記の本和解勧告の趣旨を真摯に受け止め、これを尊重して、亡航太の遺族に対する謝罪の意思を表明し、多数の従業員を擁する企業としての被告の決意として、過労死を撲滅するための万全の対策を今後も講ずるよう厳に努めることを宣言した上、民事上の責任として裁判所が認定する上記の損害金七五九一万五四一二円（原告ら各自三七九五万七七〇六円）に相当する金員を、和解金として、亡航太の遺族である原告らに対して支払うことを約することを内容とする和解を自らが選択して、本件紛争を早期に全面的に解決することは、被告にとっても、重要な意義があり、十分に検討するに値する解決の方法であると考え、当裁判所は、そのように信ずるものであり、被告に対し、これを勧めるものである。

（4）　以上のように、当裁判所は、本件事故により死亡した亡航太の遺族である原告らが、その死を悲しみながらも、今後就職する若者の労働環境が整備されることを希求して、本件訴訟を提起し、社会に向けて発信する決意をし、決して忘れることのない亡航太の社会貢献の意志について、亡航太に代わって本件訴訟における適切な解決を通じて生かしていこうと考えていることを重く受け止め、裁判所の所見を公にし、その意志に沿う和解案を熟考の上で策定するとともに、大事な従業員である亡航太の使用者である被告においても、本件事故の発生についての責任を真摯に受け止め、今後の再発を防止することを確約することは、望ましいと考え、これを期待するのであって、そのことは、当事者双方にとって、意義の高いものであると判断する。

加えて、当事者双方が、そのような和解による解決をし、これを公表することは、上記の社会情勢においいて、それぞれの企業による長時間労働の削減や労働環境の整備及びこれによる「過労死」の根絶という、我が国における社会的な悲願を達成するための重要な一歩となり、社会的意義を有することとなると考える。
さらに、本件を契機に、本件で生じた「過労事故死」の労働災害の事故の類型が公になり、今後、「過労死」、「過労自殺」の類型とともに、社会全体として、これらの防止に向けた対策が十分に推進されていくことが期待される。
そこで、当裁判所は、本件について、和解を試み、当事者双方に対し、裁判所の定めた別紙和解条項案による和解をすることを勧告するものである。

第３　当裁判所の判断（所見）の概要《省略》

第４　結論

以上のとおり、本件について、和解を試み、当事者双方に対し、裁判所の和解案による和解を勧告するのが相当であるから、民事訴訟法八九条に基づき、主文のとおり決定する。

平成三〇年二月八日
横浜地方裁判所川崎支部民事部
裁判長裁判官　**橋本　英史**　裁判官　**武田　美和子**　裁判官　**北島　睦大**

（別紙）和解条項案

1　被告は、原告らに対し、本件和解金として《略》円（原告ら各自《略》円）の支払義務のあることを認める。

2　被告は、原告らに対し、前項の金員を、平成三〇年九月末日限り《略》円、平成三一年九月末日限り《略》円、平成三二年九月末日限り《略》円、平成三三年九月末日限り《略》円に分割して原告ら代理人の普通預金口座（銀行名等省略）、に振り込む方法により支払う。

上記振込手数料は、被告の負担とする。

3　被告が前項の分割金の支払を一回でも怠ったときは、当然に期限の利益を失い、被告は、原告らに対し、第1項の金員から既払金を控除した残金及びこれに対する期限の利益を失った日（当該支払を怠った期日の翌日）から支払済みまで年五分の割合による遅延損害金を支払う。

4　被告は、被告における過重な労働に起因する本件事故によって被告の従業員である渡辺航太（平成元年五月一〇日生）が死亡したことについて、衷心より哀悼の意を表し、亡航太の遺族である原告らに対し、謝罪する。

5　被告は、本件事故を重く受け止め、本件に鑑み、過労によって従業員の心身の健康が損なわれる事態が生じることのないよう、①勤怠管理を徹底して過重労働とならない業務遂行計画を策定すること、②協力業者を新規に獲得して被告の従業員の作業量を減らすこと、③フレックスタイム制の採用、

④一時間のインターバルを取ることを就業規則に明記して周知徹底を図ること、⑤バイク通勤を禁止し、通勤交通費請求において、公共交通機関以外の利用を認めず、請求書を精査し本人と確認の上で通勤方法と金額を決定すること、⑥男女別仮眠室の設置又は深夜タクシーチケット交付制度の導入、⑦労働者の心身の健康管理の充実等の再発防止策を実施しており、原告らに対し、今後も、そのような事態が生じることのない万全の対策を講じるよう厳に努めることを確約する。

6　被告は、前項の今後の再発防止のための対策の実施状況について、今後、被告のホームページ等で公表するものとする。

7　原告ら及び被告は、本件事案及び本和解成立の意義に鑑み、本和解の成立及び内容並びに本和解を勧告する裁判所の本日付け和解勧試決定を公表すること（報道機関に対するもの、同決定の法律・判例雑誌の掲載を含む。）について、互いに同意する。

8　原告らは、その余の請求を放棄する。

9　原告ら及び被告は、原告らと被告との間には、本和解条項に定めるもののほか、何らの債権債務がないことを相互に確認する。

10　訴訟費用は、各自の負担とする。

以上

◎著者紹介

川岸卓哉

1985年生まれ。2007年3月早稲田大学法学部（法律コース）卒業、2010年3月日本大学大学院法務研究科卒業（法務博士）、2011年12月弁護士登録、川崎合同法律事務所入所。日本労働弁護団、自由法曹団、ブラック企業被害対策弁護団、神奈川過労死弁護団所属。

渡辺淳子

最愛の息子である渡辺航太さんを過労が原因による交通事故で失う。航太さんの遺族として、航太さんが勤めていたグリーンディスプレイ社を航太さんの一周忌であった2015年4月24日に提訴。多くの支援者に支えられ、2018年2月8日、横浜地方裁判所川崎支部にて画期的な和解勧告を受ける。

過労事故死 ——隠された労災

二〇二〇年五月二一日　初版第一刷発行

著者　川岸卓哉・渡辺淳子

装丁・デザイン　Boogie Design
発行者　木内洋育
編集担当　古賀一志
発行所　株式会社 旬報社
〒一六二-〇〇四一
東京都新宿区早稲田鶴巻町五四四
電話　〇三-五五七九-八九七三
ファックス　〇三-五五七九-八九七五
ホームページ http://www.junposha.com/
印刷・製本　シナノ印刷株式会社

ISBN978-4-8451-1634-8
JASRAC 出 2003276-001